论王阳明

江日新　张君劢

译著

上海 人民出版社

出 版 说 明

　　张君劢是中国近现代著名的思想家,也是"新儒家"八大家之一。他博学多闻,在学术领域,尤其是儒学方面有着深刻的洞见,时至今日,其著作仍有研究和阅读价值。

　　本书收录了张君劢先生论王阳明及其阳明学研究的两部著作,《王阳明——中国十六世纪的唯心主义哲学家》和《比较中日阳明学》。其中《王阳明——中国十六世纪的唯心主义哲学家》一书是张君劢用英文写就的一本介绍王阳明生平和学说的著述,后由江日新先生整理并译成中文,在1991年由台湾东大图书公司印行。现上海人民出版社将江日新先生的译本和另一本张公介绍中日两国阳明学发展的著作《比较中日阳明学》合编为一本出版。这是大陆首次整理出版张君劢论王阳明的著作,相信不论是对张君劢还是王阳明的研究,都有着重要的启迪意义。

　　值得一提的是,本书在编选过程中,受到张君劢学会原会长孙善豪先生帮助良多,没有他无私分享和提供张君劢著作的许多珍贵资料,本书的出版将颇费一番周折。遗憾的是,书尚未付梓,孙教授却因病撒手人寰。如今本书得以顺利面世,当以此为纪念。

目　录

上编

王阳明——中国十六世纪的
唯心主义哲学家

江日新　译

代　序

张敦华

王阳明先生是四百多年前的哲学家,在进入二十一世纪的今日,将先父在 30 年前所写的英文书以中文译出,呈现在重经济发展、重科技、重实验的世人面前,真有其意义及必要吗? 如果在 21 年前,先父刚过世时要我回答这个问题,我的答案会像一般人一样是否定的。可是在台湾工作十余年,又在美国多年观察世界的局势之后,再去研究先父的著作,我才能洞察他在选择写作题材时的苦心及动机。沟通中西思想文化,尤其是从基本的哲学、心理学及宗教范围以内的问题着手,已成为我这几年有兴趣研究的重点;因此当江日新先生将先父著作原文译毕要我写"序"时,我欣然答应了。希望能从我所认识的角度,将王阳明先生的思想在二十一世纪应被重视的特点写出来给大家研究参考。

当阳明先生才 11 岁时,曾问他的私塾老师怎样才算是一个人第一流的成就,他的老师回答说,只有好好读书做官才是最值得的。阳明先生不但不接受这种说法,居然反驳说,最重要的应该是:"读书学圣贤耳。"从王阳明日后的表现及著作,我们可以看出他一直未放弃 11 岁即有的志向。根据孔夫子与孟夫子所给我们的典范，中国传统的圣贤向来不以隐居或言行传世为满足，他们大都以入世而不受世俗的污染为己任，而他们的仁义恻隐、爱人如己之心也充分表现在以身作则、关心百姓生活、上书皇帝等行为上，也就是希望从仁政良策上照顾大众，与佛家的为众生而下地狱、耶稣的被钉死于十字架上以救世人的精神大同小异，殊途同归。

18 岁时，阳明先生第一次参加科第考试。当同伴们为未能考取而感到羞耻时，他说为了落第而失望才使他真正感觉羞耻。这句话足以证明在他 11 岁时认为读书及第并不比成圣贤重要的念头，仍存在他的心中。

考试的前一年，为印证朱熹学说每一物必有其表里之原则，17 岁的阳明花费了很多时间观察他家种的竹子，结果因为沉思过久而病倒。一直到 9 年后有一晚，他忽然领悟圣人之道必须以认识本性为基本，而不必随时求之于事物中。由于他有自己亲身的体验及领悟，从此他胆敢向当时儒家思想最具权威的朱熹挑战：以"知行合一"为其学问的宗旨。假如他对本身的纯正动机、思考方式有所怀疑或顾虑，他能如此指导来向他求教的门人吗？

我们知道在儒家传统中，孟夫子是第一位提出"良知"或内在认知能力的人，他认为良知是与生俱来的。一直到宋明两代的陆象山、王阳明，这种思想才再度被重视。阳明先生认为"良知"就好像光明而富有能量的太阳，帮助我们分辨是非。

但是他也强调"良知"或"心"必须要保持纯洁无私，才能发挥它真正的功能。也许我们要问为什么在孟夫子之后，一直等到宋明时代才又有学者重视"良知"，并且由王阳明先生阐发其精微奥义。虽然禅学的盛行有其影响面，不过根据这30年来发展心理学与对资赋优异儿童的研究发现，孟夫子与王阳明生长的环境颇有相同处：孟夫子是在有爱心、有智能及德行的孟母督促下学习成功的，而王阳明则自幼有他祖父与父亲的爱护任他发挥。也就是说他们没有过分专制的父兄或师长严格强迫他们学习。王阳明的"自信"来自他健全的人格发展。他能重实践而不只是高谈阔论，来自他成熟的情绪发展，使他成为宋明以后中国历史上最具创意的思想家。

最后一点值得我们注意的是王阳明的哲学在日本的影响："由于阳明学斥拒书传的权威性，推重实践的主体道德，并坚持要自发地学习，自发地责令自己，以达到对真理的直觉认知，这些说法由于可以让人摆脱传统主义，及免却卖弄学问，因此经常吸引日本上层阶级最具活力和最有思想的人。"以上这段话出自吉田松阴，而他被视为日本明治维新幕后的功臣。先父在结束另一篇《王阳明的哲学》短文时，亦作了以下的结论："从阳明思想在日本造成正面的影响来看，很明显他的哲学具有很强的活力，因此它还有希望在远东重新复活。"我希望这是先父的预言，也是提示或警告。"知难行易"或"知易行难"的争论，在心理常识逐渐普及的今日已无大必要。唯有重视不同的认知方式，包括"良知"的培育，以及发展个人潜力及创造能力的国家才能在此科技极度发达的世界,不受物质享受的诱惑而鼎立天地之间。日本能在战败后短短 45 年内再度成为世界第一流的经济大国,工业发展一日千里,就是最好的例子。他们的专家学者(前面所提那批上层阶级的人士)绝不是盲目引进西方思想、科技及经济政策,而是极有选择地、有计划地逐步学习别人的优点,同时以不失其民族文化特性为主。也可以说阳明思想在明治维新时代所留下的活力仍为他们上层人士学者专家的思想主导。但愿先父的"预言"也会在有华人存在的地方盛行并受当权领袖们的重视!

译　序

江日新

　　本书的中译工作应当归功于程文熙先生，当时程文熙先生为筹划张君劢先生百年诞辰事宜，曾设计了一些工作，除学术讨论会外，他希望另外出版一些纪念文字，其中包括张氏在其自办《自由钟》（美版）上所撰评钱穆《中国传统政治》一系列文字（此连载已经由张子文先生整理完竣，交台北弘文馆书局于1986年出版，书题改为《中国专制君主政制之评议》），以及张氏旧著《新德国民主政象记》的重刊等事宜。程先生所以责付于译者则有几事，即将张氏《新儒家思想史》旧译稿重校订一遍，以便能正式出版发行，另外就是要我将张君劢先生用英文写作，收录于圣若望大学亚洲哲学丛刊的《王阳明》（*Wang Yang-Ming , the idealist philosopher of 16th Century China* , New York：St. John University Press，1962）一书译成中文，以及编辑张氏著作目录。当时，译者首先从事《王阳明》一书的中译工作，并辑录张氏的著作目录，但两事皆因其他许多事情的羁绊，进行得极不顺利。而程先生当时又因胃癌开刀，每次与他见面，总觉得他精神日衰，结果不幸于 1985 年 5 月 16 日去世。而程先生交付于我的工作，却均未能于其生前完成，这是一件极令人遗憾的事。后来个人又因进修的关系，于行前匆匆将"著作目录"，以阙殆的态度作个暂时的结束，先交负责张君劢先生百年冥诞纪念筹备会的王世宪先生；至于《新儒家思想史》的校订，也因资料的不足及原稿在某些引文注释上的错乱，至今仍不得一彻底的整理更正，此事或仍有待于日后再觅余暇以补正，否则何以堪慰程文熙先生？

其次谈到何以翻译张君劢先生这本谈阳明思想的书。事实上，张氏论阳明思想的书，中文除自著《比较中日阳明学》一书极论阳明思想的内涵，后学的递衍，以及在中、日两地的各殊结果外，其晚年巨著《新儒家思想史》(*The Development of Neo-Confucian Thought*)两卷亦已在程文熙先生主持下翻译出来付梓了。因此欲窥见张君劢先生于王阳明一系思想的见解，资料事实已经不缺了。不过译者之所以承接程文熙先生的嘱咐，将此书再译成中文，其原因有二：一是有关张氏思想的晚年发展。阳明思想与孟子思想的研究和解释是张氏哲学反省的一个重点，他的许多著文，随时随处都展露出其睿见，预示了主体性哲学在未来哲学思想上的地位及价值（关于此点译者准备别撰一文说明）。因此任何数据的掌握，都或多或少能帮助我们更正确地把握张氏在此方面论述上的真正意图及洞见。其次，张氏这本英文著作是其晚年著作中集中说明阳明哲学的完整著作，由此书较能全幅窥见其关于阳明思想的论点，因此之故，译者乃敢不揣浅陋应嘱翻译此书，其或有丝毫贡献于张君劢先生思想之研究者，则万幸焉！

张氏此书原分五章，前并冠丛书编辑者薛光前博士之序，末系王阳明序象山文集重刊一文之张氏英译。今薛序及英译王阳明《象山文集序》二文，本译稿将之删去，另外以张氏发表于 1954 年《东西哲学季刊》（*Philosophy East and West*）的《王阳明的哲学》（Wang Yang-Ming's Philosophy）一文译出作为附录一，又另外再加上一篇本人由英文译出之施友忠先生的论文《心与道德秩序》，以作为附录二。以上是本书中译上的几点说明，除此之外，关于译文亦有几点应当交代的，今分述如下：

首先，关于第一章"王阳明的生平"，原书此章张氏基本上是根据《王阳明年谱》的记载简缩写成的。但由于截头去尾之故，原书中的叙述显得有些零乱，其中甚至有些系年错置，并且原书也没有标出年号干支，仅只标以公历年月，使得中文读者有相当不便，也不易于对原年谱作覆按。因此译者于此章基本上采取依张氏原文径将原谱相当段落抄入本文，并将年谱各系年一一标注出，以便读者覆按，其若有读者觉译文与英文原作有所出入，其故因此，而译者亦希望此举有不大谬于译书之咎。

其次，张氏原书征引部分均未加注出处，兹今于还原为本文同时，于各条分别标明出处。其中关于阳明《传习录》征引为最多，而《传习录》一书旧来只概分上中下三卷，今兹于卷上，自始问答逐项标码，由 1 以至 131 共得 131 条，中卷为摘录书函各段,标码则从各往复函者名下标段数,下卷例同卷上,计得139条,兹于引文还原时,即标其各码于文末,希能有便于读者覆按,又因此标码,迄今未有一可循标准,爰乃出自一己臆度,希望不有大背于诸贤者,另或可于此并系一言者,此诸籍之定本定码的制造,或亦是我辈学者之精于校勘者之一大有便于日后学者的伟大贡献乎。

最后译者愿意在此对曾助成此书翻译的各位师友致谢,程文熙先生的交付以及鼓励是本译稿所以能完成的根本原因,译者愿意将此译文献给程文熙先生,以慰他在天之灵。此外李敏小姐曾代查傅大士《心王铭》等条文,兹并于此表示谢意,其他于此则不再一一了。

第一章　王阳明的生平

王守仁,俗称王阳明,生于公元 1472 年,亦即明宪宗成化八年;11 岁时随祖父到北京省父,过金山寺,祖父与客酒酣,拟赋诗未成,阳明从旁赋曰:

> 金山一点大如拳,
> 打破维扬水底天,
> 醉倚妙高台上月,
> 玉箫吹彻洞龙眠。

客人闻之,大感惊异,复命赋《蔽月山房》诗,不一刻,阳明先生随口赋道:

> 山近月远觉月小,
> 便道此山大于月,
> 若人有眼大如天,
> 还见山小月更阔。①

---

① 《王阳明年谱》:成化十八年壬寅。

同年阳明尝问塾师:"何为第一等事?"塾师答说:"唯读书登第耳。"这位小孩子却怀疑说:"登第恐未为第一等事,或读书学圣贤耳。"他的父亲龙山公听了,笑着对他说:"汝欲做圣贤耶!"①

及弱冠,他出游居庸三关,于是乎慨然有经略四方之志,留月余而回。一日梦谒汉朝伏波将军马援庙,赋诗道:

> 卷甲归来马伏波,
>
> 早年兵法鬓毛皤,
>
> 云埋铜柱雷轰折,
>
> 六字题文尚不磨。②

许多年后,王阳明即在此庙去世,因此这首诗被视为他一生事功及殁亡之处的预言。

阳明先生迎娶夫人诸氏合卺之日,传说他偶闲行入铁柱宫,遇一道士跌坐榻上,即而叩之,因闻养生之说,因此对坐忘归,直到次日才被人寻获。③

公元1489年,阳明先生携同夫人,由江西返浙江余姚故里,舟行至广信,谒见娄一斋谅,语宋儒格物之学,谓圣人必可学而至,遂深契之。④后来,为印证"格物"之理,刚好其父官署

---

① 《王阳明年谱》:成化十八年壬寅。
② 《王阳明年谱》:成化二二年丙午。
③ 《王阳明年谱》:孝宗弘治元年戊申。
④ 《王阳明年谱》:弘治二年己酉。

中多竹,即取竹格之——因为朱子曾谓众物必有表里精粗,一草一木皆涵至理,可是他始终沉思其理不得,遂遇疾。[1]

此后他随世就辞章之学,希望能通过科第取士的功名。第二年春天,会试时落榜,同考的人有以不第为耻,阳明先生安慰他们说:"世以不得第为耻,吾以不得第动心为耻。"[2]后来,他终于在己未年会试,举南宫第二人,赐二甲进士出身第七人,观政工部。[3]这时候他很关心边界事,及闻鞑虏猖獗,先生复上边务八事,言极剀切。[4]

公元1500年,他转任刑部云南清吏司主事[5],后二年疏请告病归越,此时于诗文才名之兴减甚,并以佛道之教为非;于乡里闻说有僧坐关三年不语不视,先生喝之曰:"这和尚终日口巴巴说甚么! 终日眼睁睁看甚么!"僧惊起,即开视对语;先生问其家,对曰:"有母在。"曰:"起念否?"对曰:"不能不起。"先生即指爱亲本性喻之,于是僧悟而还家。[6]

次年秋,主考山东乡试,九月转兵部武选清吏司主事[7];再次年,即公元1505年,始收学生,教以先立必为圣人之志。[8]

35岁乃是王阳明一生的大转折点,是时明武宗初临政,宦官刘瑾窃柄,有直官戴铣、薄彦徽等以谏忤旨,逮系诏狱,阳

---

[1][2] 《王阳明年谱》:弘治五年壬子。
[3][4] 《王阳明年谱》:弘治十二年己未。
[5] 《王阳明年谱》:弘治十三年庚申。
[6] 《王阳明年谱》:弘治十五年壬戌。
[7] 《王阳明年谱》:弘治十七年甲子。
[8] 《王阳明年谱》:弘治十八年乙丑。

明先生首抗疏救之,以是忤阉宦刘瑾,亦下诏狱,已而廷杖四十,既绝复苏,寻谪贵州龙场驿驿丞①,赴谪道中,刘瑾遣人随侦,先生有诗志当时纯良承担之心:

> 险夷原不滞胸中,
>
> 何异浮云过太空,
>
> 夜静海涛三万里,
>
> 月明飞锡下天风。②

王阳明谪官龙场驿丞,龙场位于贵州西北万山丛棘中,蛇虺魍魉蛊毒瘴疠与居。夷人鴃舌难语,又旧无居所,乃教以范土架木以为居所。时瑾憾无已,自计得失荣辱皆能超脱,唯生死一念,尚觉未化,乃为石墩自誓曰:"吾唯俟命而已。"日夜端居澄默,以求静一,久之,胸中洒洒。而从者皆病,自析薪取水,作糜食之,又恐其怀抑郁,则与歌诗,又不悦,复调越曲,杂以诙笑,始能忘其为疾病夷狄患难也,因念圣人处此,更有何道!③

除此之外,阳明先生更致思"格物""致知"之理。阳明先生学问本据朱子,以物、知二分而无相涉,然自格竹以后,常疑而不决。至此忽中夜(于1508年)大悟格物致知之旨,寤寐中

---

① 《王阳明年谱》:武宗正德元年丙寅。
② 《王阳明年谱》:正德二年丁卯。
③ 《王阳明年谱》:正德三年戊辰。

若有人语之者，不觉呼跃，从者皆惊，始知圣人之道，吾性自足，向之求理于事物者误也。乃以默记五经之言证之，莫不吻合，因著《五经臆说》，此作共有十三条，并附加一序，具载于王阳明的文集中，王阳明曾思注五经，不久旋弃置之。[①]

谪处龙场，王阳明悟举"知行合一"为其学问宗旨，其后，他的学生徐爱因未会阳明"知行合一"之教，于是决于阳明先生，先生曰："试举看！"爱曰："如今人已知父当孝，兄当弟矣，乃不能孝弟，知与行分明是两事。"先生曰："此被私欲隔断耳，非本体也。圣贤教人知行，正是要人复本体。故《大学》指出真知行以示人曰：'如好好色，如恶恶臭。'夫见好色属知，好好色属行；只见色时，已是好矣！非见后而始立心去好也。闻恶臭属知，恶恶臭属行，只闻臭时，已是恶矣，非闻后而始立心去恶也。又如称某人知孝，某人知弟，必其人已曾行孝行弟，方可称他知孝知弟，此便是知行之本体。"

徐爱又曰："古人分知行为二，恐是要人用功有分晓否？"阳明先生回答说："此正失却古人宗旨，某尝说知是行之主意，行是知之功夫，知是行之始，行是知之成……"[②]

这一段阳明先生谪居于龙场的师生问答，我们可以从中窥见其哲学系统的基础。三年后他升任庐陵知县，贬谪结束。[③]

及阉宦刘瑾伏诛后，先生复为朝廷重用，任司要职，然而

---

① ②　《王阳明年谱》：正德三年戊辰。
③　《王阳明年谱》：正德五年庚午。

他仍聚同道讲学,总要其言,则唯"不如崇令德,掘地见泉水,随处无弗得"。①

正德十一年九月阳明先生升都察院左佥都御史,巡抚南赣汀漳等处,时汀漳各地有巨寇为患,尚书王琼特举先生以治之。②治盗之事,阳明先生以为当设县立政以为防,他说:"盖盗贼之患,譬诸病人,兴师征讨者,针药攻治之方,建县抚辑者,饮食调摄之道,徒恃政治,而不务调摄,则病不旋踵,后虽扁鹊仓公,无所施其术也。"③

当治盗时,先生仍聚诸生三十人,日与讲论《大学》本旨,指示入道之方;同年并刊行《朱子晚年定论》一书。④

及正德十四年己卯,宁王宸濠叛,阳明先生起义兵。宁王本封于江西南昌,叛,谋拟径袭南京,遂犯北京;其谋若遂,则势力必坐大而危及朝廷矣!为此,阳明先生念两京仓促无备,欲沮挠之,使迟留旬月,于是故意伪作两广机密大牌、备兵部咨、及都御史颜咨,摇乱宸濠心志,果然宸濠疑忌,延迟未发。⑤

及接兵,阳明先生以军谋成功,不及四十天而平宁王之乱。由是先生声名大噪;至此,阳明先生非但为一书生,亦无愧为一能军略的全才。阳明先生虽处征讨宸濠军事,仍与诸生讲论学问不辍。

----

① 《王阳明年谱》:正德九年甲戌。
② 《王阳明年谱》:正德十一年丙子。
③ 《王阳明年谱》:正德十二年丁丑五月。
④ 《王阳明年谱》:正德十三年戊寅七月。
⑤ 《王阳明年谱》:正德十四年己卯六月。

　　嘉靖元年壬午，王阳明的父亲龙山公卒，遵古礼居丧三年，当时新皇帝世宗擢先生为南京兵部尚书，但他实仍居丧于家。①

　　武宗正德十五年到世宗嘉靖三年，阳明先生完成甚多论著。正德十五年曾致书罗钦顺（整庵）论《大学》古本之恢复；同年并得王艮为弟子②，阳明先生于此事并谓门人曰："向者吾擒宸濠，一无动，今却为斯人动矣。"③十年，先生始揭"致良知"之教，直下认取知行之合一，后诸生闻谤议先生者日多，因相与论言，先生曰："诸君且言其故。"有曰："先生势位隆盛，是以忌嫉谤。"有言："先生学日明，为宋儒争异同，则以学术谤。"有言："天下从游者众，与其进不保其往，又以身谤。"先生曰："三者诚皆有之，特吾自知诸君论未及耳！"请问。曰："吾自南京以前，尚有乡愿意思。在今只信良知真是真非处，更无掩藏回护，才做得狂者，使天下尽说我行不掩言，吾亦只依良知行。"④此段话乃阳明自指出其所行唯依据于良知，更不复管他人道是道非。

　　及居丧期满（1524年，即嘉靖三年甲申），阳明命侍者设席碧霞池（天泉桥）宴诸弟子，在侍门人有百余人，酒半酣，歌声渐动，久之，或投壶聚算，或击鼓，或泛舟，先生见诸生兴剧，

---

①　《王阳明年谱》：世宗嘉靖元年壬午。
②　《王阳明年谱》：正德十五年庚辰九月。
③　见《明儒学案》，卷三十二《心斋学案》。
④　《王阳明年谱》：世宗嘉靖二年癸未。

退而作诗,有"铿铿舍瑟春风里,点也虽狂得我情"之句。①

及嘉靖六年丁亥九月初八日,钱德洪偕王畿访张元冲舟中,因论为学宗旨,其所论辩主题则为阳明著名的四句教:

> 无善无恶心之体,
>
> 有善有恶意之动,
>
> 知善知恶是良知,
>
> 为善去恶是格物。

此论辩先是由王畿致疑曰:"先生说知善知恶是良知,为善去恶是格物,此恐未是究竟话头。"德洪曰:"何如?"畿曰:"心体既是无善无恶,意亦是无善无恶,知亦是无善无恶,物亦是无善无恶。若说意有善有恶,毕竟心亦未是无善无恶。"德洪曰:"心体原来无善无恶,今习染既久,觉心体上见有善恶在,为善去恶,正是复那本体工夫,若见得本体如此,只说无功夫可用,恐只是见耳!"畿曰:"明日先生启行,晚可同进请问。"是日夜分,客始散,先生将入内,闻洪与畿候立庭下,先生复出,使移席天泉桥上,德洪举与畿论辩请问,先生喜曰:"正要二君有此一问,我今将行,朋友中更无论证及此者。二君之见正好相取,不可相病。汝中须用德洪功夫,德洪须透汝中本

---

① 《王阳明年谱》:嘉靖三年甲申八月,作者于原书叙述本年宴诸弟子于天泉桥,而与教示钱德洪、王畿之四句教辩相混淆,今兹从《年谱》所记,分述为本条,及嘉靖六年丁亥之四句教辩。——译者附识

体。二君相取为益,吾学更无遗念矣。"德洪请问,先生曰:"有只是你自有,良知本体原来无有,本体只是太虚,太虚之中,日月星辰,风雨露雷,阴霾曀气,何物不有?而又何一物得为太虚之障?人心本体亦复如是,太虚无形,一过而化,亦何费纤毫气力,德洪功夫需要如此,便是合得本体工夫。"畿请问。先生曰:"汝中见得此意,只好默默自修,不可执以接人,上根之人,世亦难遇,一悟本体,即见工夫,物我内外,一齐尽透,此颜子明道不敢承当,岂可易望人?二君已后与学者言,务要依我四句宗旨:

> 无善无恶,是心之体;
>
> 有善有恶,是意之动;
>
> 知善知恶,是良知;
>
> 为善去恶,是格物。"①

这一论辩甚为重要,盖日后阳明后学有以"无善无恶"直视为阳明学问的根本所在,此一误解终导致王阳明日趋偏激堕落。

　　由于皇帝之命令,阳明受命征广西思田叛贼②,至思田,阳明布告叛贼,略谓自解散归者不究前过,因此叛事迅速即得平靖;以之阳明再于思田之地兴设学校,教育民众。③

----

①② 《王阳明年谱》:嘉靖六年丁亥。
③ 《王阳明年谱》:嘉靖七年戊子。

同年(即嘉靖七年,1528 年),阳明患赤痢症,并为炎毒所困,养病中,阳明拜谒马伏波庙。马伏波即东汉征服安南的名将,其庙在广西南宁。阳明先生于 15 岁时尝梦谒伏波将军庙,至是乃亲拜其庙下,宛如在梦中,谓兹行殆非偶然,因识二诗,其中一首如下:

> 四十年前梦里诗,
> 此行天定岂人为,
> 徂征敢倚风云阵,
> 所过如同时雨师。
> 尚喜远人知向望,
> 却惭无术救疮痍,
> 从来胜算归廊庙,
> 耻说干戈定四夷。①

阳明先生卒于嘉靖七年十一月乙卯(即 1529 年 1 月 9 日)②,灵枢运回故里安葬。然阳明先生之思想,在晚明一段期间曾引起学者的广大反应,并形成一支极具激发力的思想学派。

---

① ② 《王阳明年谱》:嘉靖七年戊子。

第二章　王阳明的哲学系统

王阳明用以建立其哲学体系的基本信念，乃是深信吾人所居世界有昭明灵觉在。其学说大略可分析如下：

1. 人心即宇宙的心。

2. 心知即是实在的核心，亦即实在含藏于意识之中。

3. 物事之理，由知而得以明；物事不外于吾人，其亦即为意之所对。

4. 宇宙是一整体，人为其中心；人皆是同胞手足，天地万物与人原是一体。

5. 若无心或无良知，宇宙亦不会动。

6. 物或自然世界即是心所作用之物。

由于王阳明主张的是存有论的观念论（ontological ideal-ism），因此他不可能承认康德对本体和现象间所作的区分；也不会同意康德将知识划分成既予事实以及心灵对这一实在的构成两橛（也就是王阳明不把知识划分成感官、感性及悟性形式）。对王阳明来说，知的行为及程序与所知的东西是同一物；理性是根本的本质，理性经由心的活动而知。

王阳明提出自己主张的前提是世界的灵明。他认为良知并不仅限于人类,它可以扩充到所有有生命的东西,乃甚至扩充到无生命的东西。他说:"人的良知,就是草木瓦石的良知,若草木瓦石无人的良知,不可以为草木瓦石矣……天地无人的良知,亦不可以为天地矣。"①别处王阳明又说:

> 可知充天塞地中间,只有这个灵明,人只为形体自间隔了。我的灵明,便是天地鬼神的主宰。天没有我的灵明,谁去仰他高?地没有我的灵明,谁去俯他深?鬼神没有我的灵明,谁去辨他吉凶灾祥?天地鬼神万物,离却我的灵明,便没有天地鬼神万物了。我的灵明离却天地鬼神万物,亦没有我的灵明。如此便是一气流通的,如何与他间隔得?②

我们无法确切地说王阳明相信"物活论"(hylozoism),也就是说他相信万物都具有生命这种学说;但因为他的说法中隐约地认为动、植物能养人,以及药石能砭治我们的疾病,故在有生命及无生命的世界与人类世界这两方面之间必定有一种精灵上的近似关系。

灵明存在于宇宙中心这一点是王阳明的根本信仰。在这中心,人紧密地与在吾人之上的超感官世界和底下的尘世相连在一起。宇宙是一整体,人为其中心。

---

① 《传习录》下,第 72 条。
② 《传习录》下,第 133 条。

王阳明常引述《中庸》。如，"《诗》云：'鸢飞戾天，鱼跃于渊。'言其上下察也"①。目可见到的是鸟在天上飞着，鱼在汪洋池水中游着，但在此背后却包含着许多奥秘之事，灵明的物事就是和谐的宇宙整体。

中国哲学家不但告诉我们人是什么，并且还告诉我们人应该是什么。王阳明总结说："大人者，以天地万物为一体者也。其视天下犹一家，中国犹一人焉。若夫间形骸而分尔我者，小人矣。"（《大学问》）王阳明更将此一体的意思推扩到无生命之物，使感情之物造于哲学之境：

> 大人之能以天地万物为一体也，非意之也。其心之仁，本若是。其与天地万物而为一也，岂唯大人，虽小人之心，亦莫不然。……是故见孺子之入井，而必有怵惕恻隐之心焉。是其仁之与孺子而为一体也，孺子犹同类者也。见鸟兽之哀鸣觳觫，而必有不忍之心焉。是其仁之与鸟兽而为一体也，鸟兽犹有知觉者也。见草木之摧折，而必有悯恤之心焉，是其仁之与草木而为一体也，草木犹有生意者也。见瓦石之毁坏，而必有顾惜之心焉，是其仁之与瓦石而为一体也，是其一体之仁也。虽小人之心亦必有之，是乃根于天命之性，而自然灵昭不昧者也，是故谓之明德。（《大学问》）

---

① 《中庸》第12章。

有人问阳明,天下既皆依仁爱而行,为何《大学》还要讲先后厚薄呢?① 阳明回答说:

> 唯是道理自有厚薄。比如身是一体,把手足捍头目,岂是偏要薄手足,其道理合如此。禽兽草木同是爱的,把草木去养禽兽,又忍得;人与禽兽同是爱的,宰禽兽以养亲,与供祭祀,燕宾客,心又忍得;至亲与路人同是爱的,如箪食豆羹,得则生,不得则死,不能两全,宁救至亲,不救路人,心又忍得,这是道理合该如此。……《大学》上所谓厚薄,是良知上自然的条理,不可逾越,此便谓之义。②

王阳明的宇宙是有感觉、有道德之人与同具有灵明知觉的动植物共同生存的世界。这一种宇宙是有目的的,因为在其中主持的乃是意识法则和道德价值。

王阳明以仁为一切德性的根本,有一位学生举程明道"仁者以天地万物为一体"来问阳明:"何墨氏兼爱,反不得谓之仁?"阳明的回答是:

> 此亦甚难言,须是诸君自体认出来始得。仁是造化生生不息之理,虽弥漫周遍,无处不是,然其流行发生,亦

---

① 译按:《传习录》下,第74条"问:'大人与物同体,如何《大学》又说个厚薄?'"

② 《传习录》下,第74条。

只有个渐,所以生生不息。如冬至一阳生,必自一阳生,而后渐渐至于六阳;若无一阳之生,岂有六阳。阴亦然。唯其渐,所以便有个发端处;唯其有个发端处,所以生;唯其生,所以不息。譬之木,其始抽芽,便是木之生意发端处;抽芽然后发干,发干然后生枝生叶,然后是生生不息。若无芽,何以有干有枝叶?能抽芽,必是下面有个根在;有根方生,无根便死。无根何从抽芽?父子兄弟之爱,便是人心生意发端处,如木之抽芽;自此而仁民,而爱物,便是发干生枝生叶。①

换言之,仁与万物有其共同的源头根由,它是精神的,并且也是经验的,是形而上的,同时也是形而下的。这一学说最能说明道德价值的形而上理论是如何深刻地建立在人类的实际生活上,以及形而下的具体事物是建立在形而上的真理中的。

王阳明关于万物一体的观念,底下一段讨论人之普遍感官作用的话最能说明:

> 目无体,以万物之色为体;耳无体,以万物之声为体;鼻无体,以万物之臭为体;口无体,以万物之味为体;心无体,以天地万物感应之是非为体。②

---

① 《传习录》上,第 95 条。
② 《传习录》下,第 75 条。

由此，人心不但以各种方式特化成知识，并且广泛地收纳宇宙各种现象。

阳明以底下两种观点讨论他的"心"的理论：(1)自然义的心；(2)规范义的心。他经常将这两种观点并用，以自然义始，而以规范义终。

萧惠曰："惠亦颇有为己之心，不知缘何不能克己？"

先生曰："且说汝有为己之心是如何？"

惠良久曰："惠亦一心要做好人，便自谓颇有为己之心。今思之，看来亦只是为得个躯壳的己，不曾为个真己。"

先生曰："真己何曾离着躯壳？恐汝连那躯壳的己也不曾为。且道汝所谓躯壳的己，岂不是耳、目、口、鼻、四肢？"

惠曰："正是为此；目便要色，耳便要声，口便要味，四肢便要逸乐，所以不能克。"

先生曰："美色令人目盲，美声令人耳聋，美味令人口爽，驰骋田猎令人发狂，这都是害汝耳、目、口、鼻、四肢的，岂得是为汝耳、目、口、鼻、四肢！若为着耳、目、口、鼻、四肢时，便须思量耳如何听，目如何视，口如何言，四肢如何动；必须非礼勿视、听、言、动，方才成得个耳、目、口、鼻、四肢？ 这个才是为着耳、目、口、鼻、四肢，汝今终日向外驰求，为名、为利，这都是为着躯壳外面的物事。

汝若为着耳、目、口、鼻、四肢，要非礼勿视、听、言、动时，岂是汝之耳、目、口、鼻、四肢自能勿视、听、言、动？须由汝心。这视、听、言、动，皆是汝心，汝心之视，发窍于目；汝心之听，发窍于耳；汝心之言，发窍于口；汝心之动，发窍于四肢；若无汝心，便无耳、目、口、鼻、四肢。所谓汝心，亦不专是那一团血肉；若是那一团血肉，如今已死的人，那一团血肉还在，缘何不能视、听、言、动？所谓汝心，却是那能视、听、言、动的。这个便是性，便是天理。有这个性，才能生这性之生理，便谓之仁。这性之生理发在目，便会视；发在耳，便会听；发在口，便会言；发在四肢，便会动；都只是那天理发生。以其主宰一身，故谓之心。这心之本体，原只是个天理，原无非礼。这个便是汝之真己，这个真己是躯壳的主宰。若无真己，便无躯壳；真是有之即生，无之即死。汝若真为那个躯壳的己，必须用着这个真己，便须常常保守这个真己的本体，戒慎不睹、恐惧不闻，唯恐亏损了他一些，才有一毫非礼萌动，便如刀割、如针刺，忍耐不过，必须去了刀，拔了针。这才是有为己之心，方能克己。"①

在这段讨论心的文字中，王阳明首先以自然义的层面开始，而以规范的层面结束。换言之，他的结论是提出心所当为

---

① 《传习录》上，第214条。

的事来,而不单只是说明心实地上为何。在规范的意义上,心即理。底下是阳明著作中关于心的三种定义。

心之体,性也,性即理也。①

心外无理。

至善是心之本体。

从这些定义中,王阳明进而说明心的本性。

> ……心即理也。天下又有心外之事,心外之理乎?……且如事父,不成去父上求个孝的理,事君,不成去君上求个忠的理,交友、治民,不成去友上、民上求个信与仁的理;都只在此心,心即理也,此心无私欲之蔽,即是天理,不须外面添一分。以此纯乎天理之心,发之事父便是孝,发之事君便是忠,发之交友、治民便是信与仁。②

上述即是阳明"心即理"的意义,"心即理"这一说法我们知道是始出陆象山。王阳明步随陆象山这位杰出的先驱,因而更加地脱离二程、朱子学派的影响。根据程朱一系的传统是"性即理"。程朱学派固持心性二分之说,认为理挂搭于性,性占在较高地位;占在较低地位的是感知意识所占据的心。但我们倘若以为陆王完全放弃心性二分之说,那就错了。事

① 《传习录》中,《答顾东桥书》第4条。
② 《传习录》上,第3条。

实上,他们是将两个层次融合成单一的心——因为理必须由心来表现,尤其是必须通过心的思想历程来表现。

　　称阳明为陆象山的追随者并不夸张。在"心即理"的说法上,两人的学说完全一样。但是阳明的整个系统比象山还更包容、更精密些。"心即理"的理论到了王阳明的体系中,其意义才发展得更为丰富。

　　"良知"一词在阳明的讲学中曾多次提及,"良知"一词指的是内在的认知能力。阳明将"知"与道德上的良心、良知看作同样意义。王阳明指出:"良知之在人心,无间于贤愚。"①它亦即是良心或众人共有之知,并且是"天下古今之所同也"②。良知是长存不灭的,人若不善加维持,将必失掉它。良知本身清明澄澈,无丝毫愚暗;若人不知道要对良知时加拂拭,它必将蒙尘;亦由于不加拂拭之故,因此它虽本质上卓具光辉、澄澈而明晰,但终还是要蒙垢不彰一阵子。

　　王阳明认为良知是理或实在的部分。他说:"知是理之灵处。"③又说:"良知是天理之昭明灵觉处。"④故说:"良知即是天理。"⑤

　　接着王阳明又说:"良知发用之思,自然明白简易,良知亦自能知得。若是私意安排之思,自是纷纭劳扰,良知亦自会分别得。盖思之是非邪正,良知无有不自知者。"⑥

---

①②　《传习录》中,《答聂文蔚第一书》第2条。
③　《传习录》上,第120条。
④⑤⑥　《传习录》中,《答欧阳崇一书》第2条。

由此所以说良知"常照则如明镜之悬,而物之来者,自不能遁其妍媸矣"①。

至此所引王阳明论良知各段,已明白表示此一良知乃是出于纯粹及实践理性之作用者。但若吾人从他方面看此一良知,则王阳明在另一段文字中恰有一巧妙的描写:

> 心之本体,无起无不起,虽妄念之发,而良知未尝不在。②

换言之,当你好乐于一个良善的意念时,良知即能发展它,若好乐于恶的意念,良知便会防阻它。在这段文字中,良知俨然是意志了。

王阳明亦将良知当作情感因素。王阳明说:"盖良知……只是一个真诚恻怛。"③又说:"见孺子入井,自然知恻隐,此便是良知。"④又说:"生民之困苦荼毒,孰非疾痛之切于吾身者乎? 不知吾身之疾痛,无是非之心者也。"⑤

良知一词英文可以翻译作"直观的知识"(intuitive knowledge)。这一词王阳明是借自《孟子》一书中的,而其所自出的那一段话也很值得于此引录,因为它更清楚地说明了这一个

---

① 《传习录》中,《答欧阳崇一书》第4条。
② 《传习录》中,《答陆原静书》第2条。
③ 《传习录》中,《答聂文蔚第二书》第12条。
④ 《传习录》上,第8条。
⑤ 《传习录》中,《答聂文蔚第一书》第2条。

词的意义,亚圣孟子是这样说的:

> 人之所不学而能者,其良能也。所不虑而知者,其良
> 知也。孩提之童,无不知爱其亲,及其长也,无不知敬其
> 兄也。亲亲,仁也。敬长,义也。无他,达之天下也。①

"良能"或"良知",现代有些学派可能会把它解释成"本
能"(instinct)。在王阳明的系统中,则是一个涵盖了三个意识
生活层面的哲学概念:知、意、情。

许多哲学家(包括洛克和休谟)都把他们的哲学系统建立
在知或悟性或认知上。很少有哲学系统是建立在人类的意志
上。只有叔本华由于受到佛教思想的巨大影响才将其系统建
立于此。然而王阳明虽然如上述所引很强调良知,但他也一
样强调意志在哲学上所扮演的角色。

阳明强调"真正"或"实在"的意志。他平实清晰地指出,
当"心"有任何"活动"或"刺激"时,意便应之而起。控制意的
方法在于怀抱道德的动机、消除恶意。结果便可生发出"真
正"或"实在"的意。

这种"真正"或"实在"的意的理论,与知有相互的关系。
任何意念良知都知道,王阳明很巧妙地说明了这一点:

---

① 《孟子·尽心上》第十五章。

　　故有一念发动，虽是不善，然却未曾行，便不去禁。

我今说个知行合一，正要人晓得一念发动处，便即是行

了。发动处有不善，就将这一善的念克倒了。①

　　因此，根据王阳明的说法，若恶念能得清除，则意念于初

发动而将付之实现之前，便可引归于正道。

　　对于意念，王阳明还有更进一步的议论，在《大学问》中有

这样的话："盖心之本体，本无不正，自其意念发动，而后有不

正。故欲正其心者，必就其意念之所发而正之。凡其发一念

而善也，好之真如好好色，发一念而恶也，恶之真如恶恶臭，则

意无不诚，而心可正也。"(《大学问》)

　　朱子和王阳明之间的差异很明显，为儒教中之中流砥柱

的朱子强调要以理性致其知，人必知得许多之后才能分辨是

非善恶。然而王阳明这位儒者，则直承孟子"良知"之学，主张

人若用其"良知"于其意念，则自然能知是非善恶之别，心本来

便是自正了的。

　　王阳明的系统极强调意与知之间的紧密关系，他说：

　　　吾心之良知既知其为善矣，使其不能诚有以好之，而

复背而去之，则是以善为恶，而自昧其知善之良知矣。意

念之所发，吾之良知既知其为不善矣，使其不能诚有以恶

---

① 《传习录》下，第26条。

之,而复蹈而为之,则是以恶为善,而自昧其知恶之良知矣。若是,则虽曰知之,犹不知也。(《大学问》)

阳明之意乃是人若依良知而做去,其意即诚;反之,则自欺其良知。

王阳明更进一步说:"今于良知所知之善恶者,无不诚好而诚恶之,则不自欺其良知而意可诚也已。"(《大学问》)于此可明白见出良知与意念对阳明来说是有何等密切的关系。

在王阳明讨论知的理论当中,我们见到他完全把握到了知识论的问题。王学体系的关键在物乃意之所对一点上,当我们想到物是存在于我们之外,且占有时间、空间,那么物理世界与心便两分了,而不再能设想其为合一。王阳明谪居龙场某夜忽悟物乃意之所对之旨,因而开通贯穿心物之路,为其哲学体系奠定了知识论上的基础。

恰如贝克莱、康德质问外在世界之科学知识如何可能一样,王阳明亦问:知与道德价值之肯认如何可能? 结果王阳明发现:不管任何外在的或道德价值的知识,首先必须存在于意识中,并且还要历经思想的作用以成其为知识。

为更清楚说明王阳明"物为心之所对"的理论,我们可以看一下下面这封致顾东桥的信:

朱子所谓格物云者,在即物而穷其理也。即物穷理,是即事事物物上求其所谓定理者也。是以吾心而求理于事事物物之中，析心与理而为二矣。夫求理于事事物物者，如求孝之理于其亲之谓也；求孝之理于其亲，则孝之理其果在于吾之心邪？抑果在于亲之身邪？假而果在于亲之身，则亲殁之后，吾心遂无孝之理欤？见孺子之入井，必有恻隐之理，是恻隐之理果在于孺子之身欤？抑在于吾心之良知欤？其或不可以从之于井欤？其或可以手而援之欤？是皆所谓理也，是果在孺子之身欤？抑在于吾心之良知欤？以是例之，万事万物之理莫不皆然，是可以知析心与理为二之非矣……若鄙人所谓致知格物者，致吾心之良知于事事物物也，吾心之良知，即所谓天理也。致吾心之良知天理于事事物物，则事事物物皆得其理矣。致吾心之良知者，致知也，事事物物皆得其理者，格物也。①

底下乃王阳明回答别人对其物为心之所对之说的一段论述。当王阳明游南镇时，一友人指岩中花树问："天下无心外之物，如此花树，在深山中自开自落，于我心亦何相关？"阳明回答说："你未看此花时，此花与汝心同归于寂。你来看此花时，则此花颜色一时明白起来，便知此花不在你的心外。"②

对于王阳明来说，心所提供的知识的重要性并不在于它为主观之故，而是在于它含有形而上的意义。此点由下面他

---

① 《传习录》中，《答顾东桥书》第 6 条。
② 《传习录》下，第 73 条。

与其学生朱本思的问答中可以清楚地看出。朱本思问："人有虚灵,方有良知,若草木瓦石之类,亦有良知否?"先生曰:"人的良知,就是草木瓦石的良知。若草木瓦石无人的良知,不可以为草木瓦石矣。岂唯草木瓦石为然,天地无人的良知,亦不可以为天地矣。"①

末一句话,王阳明明白告诉我们,天地的知识是吾心所造,是由吾人的思虑活动所构成。于此构造,朱子与王阳明之间的看法存有一大差异。朱子依循传统,虽然也是决然地关心道德价值的问题,但他对世界则采取一个科学的态度,批判地研究自然界。他的取向尤其使得他将心与空间中的物理世界分隔为二。王阳明早期为学也是遵循于朱子之教,其格竹的做法即似默认心与其对象为二元。后来他承认这种方法不能有效果。王阳明在谪居龙场期间,经过仔细思考后,得出结论,以为事物必须以意识对象为心所知。而在它们于我们概念形式构成之处,便有所谓理存于吾人心中,而不是在物外。王阳明即称此为"心物合一"。

在王阳明的一元论哲学中有些例子显示出,他的观念是由一种系统的态度所构成的。事实上王阳明的一元论在形而上学中是属于唯心论的,但这个词用于阳明的学说,其含义较特定的一些指称要宽松些。他处理下面牵涉二元论问题的解释是属一元论的,这些问题是:1.个体对于普遍;2.心对于物理

---

① 《传习录》下,第72条。

世界;3.心对于肉体;4.欲对于理;5.知对于行。

1. 个体对于普遍。这个问题在我们讨论王阳明的形而上学时已经处理过了。然而还有一段话值得我们再引出来。有学者问:"人心与物同体,如吾身原是血气流通的,所以谓之同体,若于人便异体了,禽兽草木益远矣,而何谓之同体?"①对于此问,阳明在《大学问》中有一段话可清楚回答这一个问题:

> 大人者,以天地万物为一体者也。其视天下犹一家,中国犹一人焉。……是故见孺子之入井,而必有怵惕恻隐之心焉,是其仁之与孺子而为一体也;孺子犹同类者也;见鸟兽之哀鸣觳觫,而必有不忍之心焉,是其仁之与鸟兽而为一体也,鸟兽犹有知觉者也;见草木之摧折,而必有悯恤之心焉,是其仁之与草木而为一体也,草木犹有生意者也;见瓦石之毁坏,而必有顾惜之心焉,是其仁之与瓦石而为一体也,是其一体之仁也。虽小人之心,亦必有之,是乃根于天命之性,而自然灵昭不昧者也。(《大学问》)

2. 心对于物理世界。王阳明对于知识是否植基于感官,抑或根植于悟性形式,乃或两者都是的问题,并不感兴趣。这种研究在他的思想中不占地位,因为他以中国人的立场来看,

---

① 《传习录》下,第133条。

以为最急切关心的事情应该是道德价值。他相信理性是由天生的仁、义、礼、智四端所构成的。这四端即是道德判断或评价的形式。并且，他认为理性可能会被私欲所遮蔽。在小心避免这种遮蔽的媒介后，它就能明亮如镜而朗现出正确的原理来。

王阳明强调心外无理，因为理若要成为意识上的实体，它必然要通过心。将心与理看成同一的阳明学派正与朱子强调从外界获取知识这一支道问学学派相对。对阳明来说，理天生与心连在一起而为万有之基础。当心清明而无私时便是理。

3. 心对于肉体。考察王阳明描写身心关系的方式是很有趣的一件事。有一天王阳明告诉学生身、心、意、知、物是同一物时，于是满怀困惑的学生便问何以如是，阳明于是作了如下的解释：

> 耳目口鼻四肢，身也。非心安能视听言动？心欲视听言动，无耳目鼻舌四肢亦不能。故无心则无身，无身则无心。但指其充塞处言之谓之身，指其主宰处言之谓之心，指心之发动处谓之意，指意之灵明处谓之知，指意之涉着处谓之物，只是一件。[1]

---

[1] 《传习录》下，第1条。

王阳明于另一处也以不同的方式说明同一思想:"'正心''诚意''格物''致知'皆所以'修身'。"①这是四步中最后一步的"格物",涵盖了整个自我训练的领域,可以整个在心理活动中表现出来。"格物"一项,王阳明认为是"格其心之物也,格其意之物也,格其知之物也。"②"正心"即是"正其物之心也";"诚意"是"诚其物之意也";"致知"是"致其物之知也"③。王阳明由这种心理学的观点出发,因此认为心外、心内无所分别,理一而已。所以他说:

> 以其理之凝聚而言则谓之"性",以其凝聚之主宰而言则谓之"心",以其主宰之发动而言则谓之"意",以其发动之明觉而言则谓之"知",以其明觉之感应而言则谓之"物"。④

4. 欲对于理。长久以来中国思想家即假定人性与天理、人心与道心间的分别。然而王阳明反对这种分别,并且持认宇宙间只有一个心而已。当人心得到纯粹而正确的指导,它便就成为(或即是"为")道心。当人心受到人欲的遮蔽时,它便不是道心了。王阳明顺着程氏兄弟将"人心"解释成人欲,而将道心解释成天理。尤其他认为心这两个层次是相互排斥的。王阳明的观点对中国人来说并不奇特,事实上,一般人类

①②③④ 《传习录》中,《答罗整庵少宰书》第3条。

的信念就是造成心受到束缚和蒙蔽的原因，因而成为无知的欲望。解决人欲的方法即在于净化人心以成为道心。

王阳明与其弟子对此问题的讨论——即对各种心理活动的解释——展现出了他一元论的观点，以及他与其前贤朱熹的差异到底有多大。朱子的思想总是根于二元论的基础："致知"与"格物"，"道问学"与"尊德性"来进行的。王阳明克服二元论的方法很明确，他的一位弟子摘引朱熹的话"人之所以为学者，心与理而已"。问王阳明说："此语如何？"王阳明回答说："心即理，性即理。下一与字，恐未免为二。"①由此可见，王阳明甚至于在这么细微的关系"与"字的用法都反对它造成二元论。他认为朱熹关于"与"字的用法导致了两件事物的分离，因此无法再合为一体，而王阳明所持的观点恰好与之相反。

王阳明这位哲学家兼战略家，他对朱子学派的攻击在下列对话中说得很清楚。他的一位学生引用朱子的老师李侗（延平）的一句话"当理而无私心"来问王阳明说："当理而无私心如何分别？"王阳明回答说："心即理也，无私心即是当理，未当理便是私心。若析心与理言之，恐亦未善。"②

总而言之，王阳明的哲学是反对朱熹的二元论哲学。

5. 知对于行。知行合一的理论与一元论不一定有必然关系。它本身自具有价值，一个反对一元论的思想家仍会承认

①　《传习录》上，第35条。
②　《传习录》上，第96条。

它的价值。王阳明在谪居龙场时首次提出知行合一之说。这个理论后来以"致良知"这句更表现其直接程度的话被重新提出来。王阳明与其弟子徐爱的谈话,我们在传略那一章已经提过了。在《传习录》中所收答顾东桥的信中,有一段文字以稍略不同的方式论述了这同一个问题,在信中,顾东桥提出底下这样的问题:

> 来书云(按王阳明答书先摘引对方来书所言):所喻知行并进,不宜分别前后。即《中庸》尊德性而道问学之功,交养互发,即内外本末,一以贯之之道。然功夫次第,不能无先后之差,如知食乃食,知汤乃饮,知衣乃服,知路乃行。未有不见是物,先有是事,此亦毫厘俊忽之间,非谓有等今日知之,而明日乃行也。①

顾东桥这段话很明显是在批评王阳明知行合一之说,因此引致王阳明对此问题的答复:

> 既云交养互发、内外本末,一以贯之。则知行并进之说,无复可疑矣。又云工夫次第,不能无先后之差,无乃自相矛盾已乎? 知食乃食等说,此尤明白易见。但吾子为近闻障蔽,自不察耳。夫人必有欲食之心,然后知食。

---

① 《传习录》中,《答顾东桥书》第3条。

欲食之心即是意，即是行之始矣。食味之美恶，必待入口而后知，岂有不待入口，而已先知食味之美恶者耶？必有欲行之心，然后知路。欲行之心即是意，即是行之始矣。路岐之险夷，必待亲身履历而后知，岂有不待亲身履历，而已先知路岐之险夷者也？知汤乃饮，知衣乃服，以此例之，皆无可疑，若如吾子之喻，是乃所谓不见是物，而先有是事者矣。①

顾东桥对王阳明的解释仍不满意，说：

来书云：真知即所以为行。不行不足谓之知，此为学者吃紧之教，俾务躬行则可。若真谓行即是知，恐其专求本心，遂遗物理。必有暗而不达之处，抑岂圣门知行并进之成法哉？②

于是王阳明再作第二次辩驳：

知之真切笃实处即是行，行之明觉精密处即是知。知行工夫，本不可离。只是后世学者分作两截用功，失却知行本体。故有合一并进之说，真知即所以为行，不行不足谓之知。即如来书所云知食乃食等说可见，前已略言

① 《传习录》中，《答顾东桥书》第3条。
② 《传习录》中，《答顾东桥书》第4条。

之矣。此虽吃紧救弊而发,然知行之体,本来如是。非以
己意抑扬其间,姑为是说,以苟一时之效者也。专求本
心,遂遗物理。此盖失其本心者也。

心之体,性也,性即理也。故有孝亲之心,即有孝之
理;无孝亲之心,即无孝之理矣。有忠君之心,即有忠之
理;无忠君之心,即无忠之理矣。理岂外于吾心耶?

晦庵谓人之所以为学者,心与理而已。心虽主乎一
身,而实管乎天下之理。理虽散在万事,而实不外乎一人
之心。是其一分一合之间,而未免已启学者心理为二
之弊?

夫外心以求物理,是以有暗而不达之处。此告子义
外之说。孟子所以谓之不知义也,心一而已。以其全体
恻怛而言,谓之仁。以其得宜而言,谓之义。以其条理而
言,谓之理。不可外心以求仁,不可外心以求义,独可外
心以求理乎?外心以求理,此知行之所以二也。求理于
吾心,此圣门知行合一之教,吾子又何疑乎?①

王阳明尝试将其"心即理"的理论用到其哲学的各个方
面。然顾东桥受限于流俗的思想方式,因而对知行合一的可
能性完全不能认识。顾氏所能做的仅只是重述《中庸》中所言
的五个步骤:(1)博学;(2)审问;(3)慎思;(4)明辨;(5)笃行。

---

① 《传习录》中,《答顾东桥书》第4条。

在顾氏与王阳明的书信中，他提及前四点，略去第五关于行的方面这一点。当然他略去这一点的理由是因为从他的观点来看，笃行是关于行，而无关于知的历程的。顾氏在一封致王阳明的信中说：

> 人之心体，本无不明，而气拘物蔽，鲜有不昏，非学问思辨，以明天下之理，则善恶之机，真妄之辨，不能自觉。①

顾氏的这段话，隐含地批评了王阳明的学说，于是王阳明作了底下的答复：

> 夫学问思辨行，皆所以为学，未有学而不行者也。如言学孝，则必服劳奉养，躬行孝道，然后谓之学。岂徒悬空口耳讲说，而遂可以谓之学孝乎？学射，则必张弓挟矢，引满中的。学书，则必伸纸执笔，操觚染翰，尽天下之学，无有不行而可以言学者。则学之始，固已即是行矣。笃者，敦实笃厚之意，已行矣。而敦笃其行，不息其功之谓尔。盖学之不能以无疑，则有问，问即学也，即行也。又不能无疑，则有思，思即学也，即行也。又不能无疑，则有辨，辨即学也，即行也。辨既明矣，思既慎矣，问既审矣，学既能矣，又从而不息其功焉，斯之谓笃行。非谓学

---

① 《传习录》中，《答顾东桥书》第7条。

问思辨之后而始措之于行也。是故以求能其事而言,谓之学;以求解其惑而言,谓之问;以求通其说而言,谓之思。以求精其察而言,谓之辨;以求履其实而言,谓之行。盖析其功而言,则有五,合其事而言,则一而已。此区区心理合一之体,知行并进之功。①

王阳明致良知之说,实即知行合一之说的另一种说法。他将"致"字了解成带有"实现"之意,是以此字包含有"行"的意思。王阳明说:

夫良知之于节目时变,犹规矩尺度之于方圆长短也。节目时变之不可预定,犹方圆长短之不可胜穷也。故规矩诚立,则不可欺以方圆,而天下之方圆不可胜用矣。尺度诚陈,则不可欺以长短,而天下之长短不可胜用矣。良知诚致,则不可欺以节目时变,而天下之节目时变不可胜应矣。毫厘千里之谬,不于吾心良知一念之微而察之,亦将何所用其学乎?是不以规矩而欲定天下之方圆,不以尺度而欲尽天下之长短,吾见其乖张谬戾,日劳而无成也已。②

底下一段话则谈到良知问题,王阳明说:

---

① 《传习录》中,《答顾东桥书》第7条。
② 《传习录》中,《答顾东桥书》第10条。

> 其良知之体，皦如明镜，略无纤翳，妍媸之来，随物见形，而明镜曾无留染。所谓情顺万事而无情也。无所住而生其心，佛氏曾有是言，未为非也。明镜之应物，妍者妍，媸者媸，一照而皆真，即是生其心处。妍者妍，媸者媸，一过而不留，即是无所住处。①

对王阳明来说，这即是良知的本性，良知即是觉，朗然、公正而客观。若有人能将良知维持其原本纯净的状况，那么它就成了一切事物的规矩尺度，因为它便就是天理之所在。

王阳明在历经谪居龙场所遭遇到的困顿后，终于得到结论，肯定人生所当遵循的适切道路乃是"致良知"一途。上述这一说法是王阳明在 50 岁时所发现的。在《王阳明年谱》中有这么一段记载：

> 自经宸濠忠泰之变，益信良知真足以忘患难，出生死。所谓考三王，建天地，质鬼神，俟后圣，无弗同音。②

同年在一封致邹守益的信中，王阳明写道：

> 近来信得致良知三字真圣门正法眼藏。往年尚疑未尽，今自多事以来，只此良知无不具足，譬之操舟得舵，平

---

① 《传习录》中，《答陆原静书》第 16 条。
② 《王阳明年谱》，孝宗弘治十六年辛巳，正月条。

澜浅濑,无不如意,虽遇颠风逆浪,舵柄在手,可免没溺之
患矣!①

其间有一日,阳明先生喟然叹息,他的一位学生陈九川听
到了,问道:"先生何叹也?"王阳明回答说:"此理简易明白若
此,乃一经沉沦数百年。"陈九川接着说:"亦为宋儒从知解上
入,认识神为性体,故闻见日益,障道日深耳。今先生拈出良
知二字,此古今人人真面目,更复奚疑。"于是王阳明这位大师
紧接着指出:

然! 譬之人有冒别姓坟墓为祖墓者,何以为办? 只
得开圹,将子孙滴血,真伪无可逃矣。我此良知二字,实
千古圣圣相传一点滴骨血也。②

王阳明认为良知理论的重要性如何,已如上述所引的片
段文字中所述者。然而他唯恐观念在口耳讲说间成了定型,
致失其效用于百姓之间。于此忧心忡忡中,明显可以看出他
的远见,因为在他死后,"良知"竟成了推度其哲学乃致使明朝
败亡的把柄了。

---

①② 《王阳明年谱》,孝宗弘治十六年辛巳,正月条。

第三章　王阳明在宋明理学中的地位

王阳明崛起于朱子二元论哲学如日中天之时，他的哲学形式上采取如西方哲学术语中所谓"唯心的一元论"。王阳明的哲学系统是宋明理学的巅峰，它很明显而彻底地想将宇宙解释成为一体。他的哲学思想以语录的形式记载于《传习录》一书中。

为了解《传习录》中所讨论的各项主题，我们必须了解王阳明的哲学系统，以及认定王阳明在宋明理学运动中的地位。为从事于此，我们要考虑以下几个问题：什么是理学？奠定其基础的人是谁？王阳明的哲学与理学的主要人物之间有何不同？王阳明自己的系统如何？他后来的发展又如何？

理学是以恢复孔子学说以对抗佛教哲学的学术运动。从三国开始，包括南北朝[220—589，但不包括西晋（265—317）统一的时代]这一段动荡不安的时代里，中国知识分子表现出对宗教的偏向。道教及传自印度的佛教最为普遍，虽然当时儒家还未完全被忽略掉。大部分的佛教经典都被翻译成了中文，并结集成今天收录有三千卷的佛教《大藏经》。

隋唐重新统一中国以后，许多知识分子起而反对其影响力日渐增大的佛教思想。韩愈（768—824）是唐代的一位文人，他因著作《原道》一文而被称述为推动了理学运动的开始。韩愈在《原道》这篇文章中探讨道的意义，借以辩护中国的古老传统和拒斥老释。在上宪宗的一篇奏章中，韩愈陈谏皇帝不要迎纳佛骨。韩愈以儒家五伦的理论反对释老的沦弃五伦关系。韩愈的哲学在符合人际关系上的忠信以及承认人的需要的必要性上，是较带实在论色彩而不带思辨性的。他的论证，与释老所发展出高度思辨的论证比较起来，是相当粗疏的。但"道"这一概念往后却发展成理学的一个基本概念。

张籍与李翱（约死于844年）二人都是韩愈的学生，他们对"道"作了彻底的研究。张籍曾致函韩愈，建议他专心一致从事研究。而李翱则写成了三篇《复性书》。这几篇文字可以说都是宋明理学的奠基之作。许多术语如道、诚明、虚、静、成圣、慎独等在李翱的文章中都有广泛的讨论，李翱这些术语大抵是取自《礼记》中《中庸》《大学》两篇。到了宋朝，这些术语便成了理学的一部分了。而《大学》《中庸》两篇文章被收入于《四书》中。

宋明理学作为一种复兴运动来说，倘若没有佛教的刺激，可能会无法发生。从印度引进的佛教，使中国学者认识到他们若要阻止佛教在中国流布，就必得要有他们自己的理论、自己的哲学系统、自己的世界观。为此目的，他们确认到智识上的思想必须是主动的、根源的，并且要让中国人确信其在理论和道德上都是确切无误的。

南北朝时代所分化出来的佛教宗派中,禅宗最具影响力。此宗是菩提达摩所创立的,他为中国立下这样的讯息:"直指人心,见性成佛,教外别传,不立文字。"[1]菩提达摩教导弟子研读《楞伽经》。他尤其强调禅定工夫,这种工夫可致得明心见性,根据记载,菩提达摩曾面壁静坐多年。此宗的六祖惠能(638—713)在其他宗派逐渐式微或消失之时,极力提振本宗的生气。

禅宗亦被称为心宗,因为此宗将心视为决定万有的因素——而不管人所行是否正确,其事物是善或恶,人是肯定或否定,世界是空或有,其所努力企成的是使心成为万有之主。在傅大士《心王铭》中有如此的说法:"即心即佛,即佛即心……离心非佛,离佛非心。"[2]

六祖惠能在其《坛经》上亦说道:

> 心量广大,犹如虚空。无有边畔,亦无方圆大小。亦非青黄赤白,亦无上下长短。亦无瞋无喜,无是无非,无善无恶,无有头尾……善知识,自性能含万法是大,万法在诸人性中。若见一切人恶之与善,尽皆不取不舍,亦不染着,心如虚空,名之为大。[3]

---

[1] 契嵩:《传法正宗记》。
[2] 《傅大士集》卷三。
[3] 《坛经·般若品第二》。

北宗的神秀禅师亦曾作偈云：

> 一切佛法，自心本有；
> 将心外求，舍父逃走。①

此一心宗有三点设定与孟子哲学相同。（1）以心为焦点，这一点很接近孟子所说的"心之官则思"；（2）禅宗相信每个人皆具有佛性，孟子则说每个人皆可成为尧舜；（3）相信人性本善，这亦是孟子的基本观念。这些相似之处极大地唤醒中国学者认识新运动的好处。中国学者很不愿意承认他们曾自佛教得到好处。然而无论如何，佛教的影响包括在思考上、在构建新儒学的系统，以及在论证上提出新创的想法以及大胆的精神等方面。因此禅宗是强调心为行动根源的代表者，但毫无疑问地，新理论的基础仍还是儒家的。

柳宗元（773—819）是唐朝仅次于韩愈的古文家，他的说法指出禅宗与新儒家的关联性，他在所撰《曹溪第六祖赐谥大鉴禅师碑》中指出惠能的哲学是"其教人始以性善，终以性善"②。这一说法似乎公开承认在佛教与中国传统间存在相同的特性，因此值得特予指出。

宋朝时，程颢（1032—1085）预设了"理"的观念，因此他被称为新儒学之父。他说："天地万物之理，无独必有对，皆自然而

---

① 《景德传灯录》神秀条。
② 《柳宗元全集》卷六。

然,非有安排也。每中夜以思,不知手之舞之,足之蹈之。"①这一时期,儒学亦被称为理学。程明道在哲学思想上宣称理的地位,此与西方世界中所谓近代哲学的诞生一样,亦有其理想上的概念[即我思(cogito)]作为出发点。

由于中国学者关心的是道德判断标准的建立,因此他们发展出了道德法则上的四个标准(或称"形式"),亦即仁、义、礼、智四端。仁、义、礼分别各有仁慈、公正、端正崇敬之义,智即指能分辨是非、物我的知识。这种知识与物理世界的对象有关。智的作用与西方所谓智识的功能(functions of intellect or knowledge)尤其接近。上述四个字可以分作两类,仁、义、礼是一类,是属实践理性,另一类"智"则为纯粹理性。

程明道之后,"理"便成了知识及评价的根源,他的弟弟程颐(1033—1107)便揭橥"性即理"。在程伊川的理论中,仁、义、礼、智是内在于人性中的观念(请注意他不是说内在于心中的观念)。程伊川认为心作为感知的官觉,它只能思考,而四端却要从比思想更高的根源中出来。孟子是第一个主张道德法则上的四端是天赋予人的人,孟子说:

> 所以谓人皆有不忍人之心者,今人乍见孺子将入于井,皆有怵惕恻隐之心,非所以内交于孺子之父母也,非所以要誉于乡党朋友也,非恶其声而然也。由是观之,无

---

① 《二程遗书》卷十一。

> 恻隐之心,非人也;无羞恶之心,非人也;无辞让之心,非人
> 也;无是非之心,非人也。恻隐之心,仁之端也,羞恶之心,
> 义之端也;辞让之心,礼之端也;是非之心,智之端也。①

《孟子》书中的这段引文,亦即是程颐所揭名句的缘由。他认为人性中此四端居于一超越的层次上,而能思之官的心则居于自然的层次上;但孟子并没有作这样的分别。

不久之后,在南宋与朱熹同时的陆九渊(1139—1193),则提出"心即理"来。对此,朱子力加反对,朱子指责陆象山受到佛教禅宗的混淆。事实上我们也可以说,陆象山的这一句话是建基在孟子的文字当中,只不过陆象山经由研究禅宗而更加有活力。然而我们感兴趣的是后来王阳明事实上也接受这一句话,并且将之视为其哲学的基本概念。

王阳明对只接受"心即理"这一原则,而不进一步尝试加以解决心与物是分开的抑或是合一的问题感到不满意。在他明确知道事物为心所察知而被认识之前,他曾花费许多岁月寻究,他的结论是"心物合一",含藏在万有之中的心及理可以看成是同一个物事。由此他推论出其他理论:知行合一、致良知。

王阳明与陆象山一系的关系是如何的密切,我们可以从王阳明在庚辰年(即明武宗正德十五年)所作的《象山文集序》

---

① 《孟子·公孙丑上》第六章。

中看出来：

> 圣人之学,心学也。尧舜禹之相授曰:"人心惟危,道心惟微,惟精惟一,允执厥中。"此心学之源也。中也者,道心之谓也,道心精一之谓仁,所谓中也。孔孟之学,惟务求仁;盖精一之传也。而当时之弊,固已有外求之者;故子贡致疑于多学而识,而以博施济众为仁,夫子告之以一贯,而教以能近取譬,盖使之求诸其心也。迫于孟氏之时,墨氏之言仁,至于摩顶放踵;而告子之徒,又有仁内义外之说,心学大坏,孟子辟义外之说而曰:"仁,人心也。学问之道无他,求其放心而已矣。"又曰:"仁义礼智,非由外铄我也,我固有之,弗思耳矣。"盖王道息而霸术行。功利之徒,外假天理之近似以济其私,而以欺于人曰:"天理固如是!"不知既无其心矣,而尚何有所谓天理者乎?自是而后,析心与理而为二,而精一之学亡。世儒之支离,外索于刑名器数之末,以求明其所谓物理者,而不知吾心即物理,初无假于外也。①

于此王阳明为陆象山辩护,说陆氏的哲学是立基在古圣先贤传统上的学说,特别是孟子之学,与禅宗事实上是无关涉。由此之故,王阳明与陆象山经常被划归为同一派。

---

① 《王阳明全集》文集"序"类。

为对王阳明的系统有更好的理解，我们应该提一下程朱学派与陆王学派间的几个主要差别。程朱学派与陆王学派的争论有点类似于西方哲学中经验主义与理性主义的争论。然而感官的理论在中国并不时兴，在中国所出现的是另一种形式的问题：心是本来完具无缺的，抑或是必须向心外驰求学习这一问题即是争论的焦点。

王阳明相信宇宙之心即是以人心的良知为其中心的灵明，他说：

> 可知充天塞地中间，只有这个灵明。人只为形体自间隔了。我的灵明，便是天地鬼神的主宰。天没有我的灵明，谁去仰他高？地没有我的灵明，谁去俯他深？鬼神没有我的灵明，谁去辨他吉凶灾祥？天地鬼神万物，离却我的灵明，便没有天地鬼神万物了；我的灵明，离却天地鬼神万物，亦没有我的灵明。如此，便是一气流通的，如何与他间隔得？①

由此很清楚地，王阳明主张实在包含心、意知觉。他将宇宙归为一体的方式，我们可以由底下的话中看出来：

> 理者，气之条理；气者，理之运用。②

---

① 《传习录》下，第133条。
② 《传习录》中，《答陆原静书》第2条。

另一方面,朱熹是位二元论者。对朱子来说,世界分而为二:一为能知的内在,以及另一包含诸多事物的外在。他在《大学》第五章中对致知之义补上了如下的一段话:

> 所谓致知在格物者,言欲致吾之知,在即物而穷其理也。盖人心之灵莫不有知,而天下之物莫不有理,唯于理有未穷,故其知有不尽也。①

由"在即物而穷其理也"一句,我们可以推说朱子认为自然世界中万物的杂多可以划分成人、动、植、矿石等,因此朱熹认为整个世界不可能化简成一个一元论的整体。朱熹就像他的前驱程颐一样,发展出了一套理论,主张世界含有两个基本原理:一是理,亦即非物质性的宇宙原理;一是气,也就是物质性的东西。一切事物都具有由气凝聚而成的具体形式。与其他任何对象一样,人也是由理和气合聚而成的。理内在于所有人及所有事物之中,然而气则以其所占的比例不同而使得人、物相互分别开来。正由于世界上有许许多多的事物,因此它的原理就必须一个一个地加以研究,这就是所谓"格物"。

根据朱熹的看法,心与物、心与理、正心与格物等都是分属于两个不同的领域。由此,朱熹的哲学被认为是二元论的。

在教育上,朱熹认为应先教予服侍父兄等这种基本原理;

---

① 朱熹:《四书集注·大学》。

倘若将"心即理"这种前提拿来当作第一课,那么学生就会对其思辨的本质感到无法把握,致使学生放弃学习。所以在从事研究更高深的问题之前,应先教以较简单的原理。

朱熹并且还说心包含着两个部分:"道心"及"人心"。为实现"道心",感知上的好欲应当排除于人心之外。在形而上学及教育学上,朱熹都表现了他的二元论倾向。

程朱学派与陆王学派的争论始于宋朝,并且继续至清朝。每一派都从孔孟、五经中撷取先圣的遗说来作辩解,并且相互驳斥对方的信仰。的确,这场辩论就像欧洲理性主义与经验主义间的争论一样,都是没有结论的哲学问题。

王阳明的学派在明朝时最具势力,他的门人遍及中国各个行省当中。根据《明儒学案》的记载,共可分为八个不同的流派:(1)浙中王门;(2)江右王门;(3)南中王门;(4)楚中王门;(5)北方王门;(6)粤闽王门;(7)背叛阳明的李材;(8)而最活跃的是泰州王门。在对阳明学派中的三支的特征作过简略的探讨后,我们准备对阳明学说的发展及天泉桥论道作一个概略的叙述。因为这两件事是造成王阳明死后王学分裂的主要原因。

钱德洪曾经说过阳明学说的发展可以分为三个时期:首先是他谪居龙场时,这个时期王阳明揭出"心即理"之说,强调"知行合一";第二期是留守南京时,此时期他特别强调默坐澄心的用处,并教导学生静坐;第三期是在明武宗正德十六年,王阳明将他的教学简化为"致良知"。对王阳明来说,良知是唯一的实在，是最重要的。良知经常被看作顿悟，它即是能使人不管心是否遭受遮蔽而仍可分辨明晦、是非的性质。人们经由细心地照管其心，就能走往正道上去，这即是阳明在其哲学中极其强调的"格物"之说。

阳明学派中每一支派都各以己意解释良知，王畿（龙溪）在他的一篇文章中提到了这些解释是多么地纷纭众多：

良知宗说，同门虽不敢有违，然未免各以其性之所近，拟议掺和。有谓"良知非觉照，须本于归寂而始得。如镜之照物，明体寂照，而妍媸自辨。滞于照，则明反眩矣"。有谓"良知无见成，由于修证而始全，如金之在矿，非火符锻炼，则金不可得而成也"。有谓"良知是从已发之教，非未发无知之本旨"。有谓"良知本无欲。直心以动，无不是道，不待复加销欲之功"。有谓"学有主宰、有流行，主宰所以立性，流行所以立命，而以良知分体用"。有谓"学贵循序，求之有本末，得之无内外，而以致知别始终"。此皆论学同异之见，不容以不辨者也。①

不可避免地，这些相互冲突的解释使得学者在心里引起了混乱，因而引发了阳明学派的分裂。

浙中王门钱德洪与王龙溪两人的对论，是阳明学说解释上发生分歧的进一步证明。在天泉桥论道中提出并讨论了下面阳明所提出的"四有"：

---

① 《明儒学案》卷十二，王龙溪。

无善无恶是心之体，

有善有恶是意之动，

知善知恶是良知，

为善去恶是格物。①

这四句话被认为是"四有"，乃是因为它们预设了善与恶的存在。然而，根据王龙溪的看法，它们并不是最终的真理，王龙溪接着钱德洪说："此恐未是究竟话头。若说心体是无善无恶，意亦是无善无恶的意，知亦是无善无恶的知，物亦是无善无恶的物矣。若说意有善恶，毕竟心体还有善恶在。"②于此王龙溪的说法被看作"四无"，因为他认为四个实体——心、意、知、物——都是超越于善与恶之外的。王龙溪不同意钱德洪对末三句的看法。于是这两人便将他们的争论问题持将决于王阳明，要求王阳明对最终的真理作一判定。王阳明的答复认为趋向正道原有两条路：四无是对上根人说的，而四有是对一般人说的，在他们的讨论结束之际，王阳明又再次强调四有中的心、意、知、物必须要在善恶的实功夫下做去。至于江右王门的学者，他们强调的则是心的警戒和归寂。《明儒学案》的作者黄宗羲认为，由于王阳明的一生花了很多时间在江西，因此他在江西的学生比其他支派的学生更能深入了解他的思想。

王艮（心斋）所创导的泰州学派在把握"道"上所得的直接

① ② 《传习录》下，第111条。

喜乐与在顿悟上的态度与王龙溪同调。这一支派的话头叫"淮南格物",泰州学派的成员表面虽改信了王阳明的致良知教,但并不表示他们即已放弃了他们自己的理。

这三个支派的创导者中,王龙溪的年寿最高,他死时年纪是 85 岁。他在语录及著作中所主张的"四无",在学术圈中造成了很深远的影响。然而反对他的人说他的理论是"狂禅";因为王龙溪关于"心体"的形而上学并没有确切的支持,他同王艮一样,认为心应该是自然而不受节制的,这种玄想当该为王学的堕落负责。

明朝末年,东林学派便以攻击王阳明学派而崛兴,结果他们强调心的控制以及博学多闻。顾炎武亦向王学挑战,并称王学为"空谈"。这个时代需要的是"实学"。但王阳明学派所以没落的原因,事实上是因为有两个学派与其并驾齐驱,首先是汉学家,汉学一派从事于经书的考证训诂,更明确地说,汉学家所努力的亦即是要在每一字、每一术语、每一对象中找出正确的解释。另一个对手则是要返归朱子学的运动,此派在哲学上所持的是二元论。

是故,在清朝除了少数学者想重新解释王阳明的哲学外,王阳明的学说几乎被遗忘掉了。然而当时在日本,阳明的哲学却得到更多的尊崇。有一些参与明治维新的志士即出身王学。阳明学在日本所造成的实践性和成效,使得中国人重新衡量王阳明哲学的价值。现今王阳明哲学在远东的复兴似乎是必然要发生的事了。

第四章 王阳明的《传习录》

王阳明的全集共有三十八卷,《传习录》占前三卷,其他则收入了书信、文集、奏疏等。"心即理"及"致良知"等问题的讨论,是构成《传习录》的核心问题。尤其我们可以在此书见到阳明表述其理论的简洁与清晰。

王阳明的体系并不容易为现在读者所了解,这是因为他并不刻意在如形而上学、伦理学、心理学等名目下作系统性的陈述。然无论如何,理论系统所必须的前提,王阳明已经有了充分的说明,并且他曾尝试在适当的状况下将其前提置入于其哲学系统中。

这三卷书大致可以分成两个部分:第一部分是记录王阳明早年的发现,"心即理"这一话头亦包括在内;第二部分则集中于"致良知"。

第一卷着重于讨论"心即理"及"知行合一"的问题。其中所强调的理论乃是主张世界上所有事物都是知之所对。在这一卷中,王阳明还答复许多学生提出来有关典籍、史事、中国传统等问题,而解答的方式则是依据他自己的哲学系统。

第二卷收集了王阳明与友人、学生的书信。这些书信都是在他发展出"心即理"及"致良知"等话头后所写的。每一封书信都分成许多段落,每一段落前头都由编者加上一个或数个问题,作为解释的标题。这一卷包含了王阳明哲学系统上最精妙的解释。

第三卷显示这些语录是在王阳明发展出"致良知"后所作的应答。在他的戎马生涯中,良知是人类行为的唯一是非标准。他甚至说:"人的良知,就是草木瓦石的良知;若草木瓦石无人的良知,不可以为草木瓦石矣……天地无人的良知,亦不可以为天地矣。"①他一再地重复其良知为天地的心的理论,他甚至更进一步地说:最终极的实在是超越于言语表达及善恶之外的,天泉桥论道即是根据这一信念而进行的。

《传习录》有许多编者。第一卷分为三部分,分别由徐爱、陆澄及薛侃所记。徐爱是王阳明最钟爱的学生,并且也是王阳明的妹婿,但可惜他于31岁时便死了。后来陆澄便在王阳明本人的建议下接下记录王阳明讲学这个工作。薛侃则在陆澄不做这项工作后继续。

构成本书第二卷的是王阳明写给友人、学生的书信,这是由南大吉所抄录出来的。南大吉以郡守后自屈拜列为阳明弟子②,下面即是一段关于南大吉与王阳明的故事:"门人日进,

---

① 《传习录》下,第72条。

② 这段话作者原文是:Wang conferred the degree of Master of Arts upon the young man, and he later obtained the position of prefect in Wang Yang-Ming's native prefecture. 意思是说王阳明为南大吉应试时的主考官,但依《年谱》所记则不是,此或作者一时疏忽误写,兹改正如前文。

郡守南大吉以座主称门生。然性豪旷,不拘小节。先生与论学有悟,乃告先生曰:'大吉临政多过,先生何无一言!'先生曰:'何过?'大吉历数其事,先生曰:'吾言之矣!'大吉曰:'何?'曰:'吾不言,何以知之?'曰:'良知!'先生曰:'良知非我常言而何?'"①

　　第三卷是由王阳明其他几位学生所记录,并由钱德洪编辑而成。它首先以《传习续录》的书名在湖北刊行。王阳明去世后,钱德洪请求阳明的众弟子帮他收集任何能找得到的王阳明语录和著作,用这些新资料,钱德洪将续录删定成今天的样子。至于钱德洪编辑此书的目的则是想借删削那些看似自相矛盾的说法来澄清王阳明的学说体系。

　　《传习录》首次刊行于公元 1518 年(正德十三年),内容包含了徐爱、陆澄、薛侃所记的三部分。第二次是在公元 1524 年(嘉靖三年),由南大吉在浙江刊行的,内容增加了两卷。本书现今的形式则是由钱德洪所编定的,刊于公元 1556 年(嘉靖丙辰)后,也就是王阳明死后近 30 年。②这一版本包含有三卷:即徐、陆、薛三人所记部分为第一卷,第二卷为书信,第三卷则为《传习续录》的删订版。

　　《书经》上载有一句很著名的舜、禹传心法要:"人心惟危,

① 《王阳明年谱》,嘉靖三年甲申正月。
② 于此南大吉增刻《传习录》的年代,依年谱所记为嘉靖三年,即公元 1524 年,作者记为 1523 年,兹据改之。又钱德洪删订今本《传习录》附后记题为嘉靖丙辰年(即 1556 年),作者原文记为公元 1552 年,并据改。——译注

道心惟微,惟精惟一,允执厥中。"(《尚书·大禹谟》)这句话不管是否真的是舜、禹时代的思想,但无论如何它显示出唯心论的传统在中国上古时代就有其深远的传统。《论语》中曾子曾自表示说:"吾日三省吾身。"①很清楚地,这种自省只有肯定心的现存方才有可能发现。孟子所说心之官则思同样也指出他承认心的重要性,自从宋明理学运动奠立以来,将心视为根本的态度就成了可以安立宇宙观的一个基础,这是王阳明影响的结果。王阳明是中国第一位将心强调为唯心一元论系统之基础的哲学家,而《传习录》一书的重要性即是在此。

---

　① 此话录于《论语》中,然为曾子所言,非孔子自道的话,作者误作孔子之言,亦于文中径改之。——译注

第五章　直觉主义研究

王阳明在其《传习录》中广泛地讨论了两个主要问题:"心即理"及"致良知"。这两点构成了中国直觉主义的基础,为了解王阳明在这个主题上的思想系统,我们首先必须讨论孟子。

孟子是直觉主义运动的奠定者,他宣称人这种理性动物天生具有四端:仁、义、礼、智。仁字是由"二""人"合成的,是故"仁"这一端乃是指人与人的关系。"义"之端则使人能够明辨是非善恶。"礼"则是由仪节生发出来的礼仪逊让。"智"之端则是能知特殊事物是什么,以及分别物与物之间的能力。此四端是价值判断的范畴。四端在孩提之时未得完全发展,但当它们得到发展之后,人们就能在这四端的基础上形成道德或认知上的判断。孟子即以底下孺子坠井而引起人们救援的心理反应的例子,说明其关于人天生即具有四端的理论:

> 所以谓人皆有不忍人之心者,今人乍见孺子将入于井,皆有怵惕恻隐之心,非所以内交于孺子之父母也;非所以要誉于乡党朋友也,非恶其声而然也。

孟子观察到救援的反应是自发的,并没有其他的目的,于是他进一步说明,上举的四端是内在的且须要人加以发展的:

> 由是观之,无恻隐之心,非人也;无羞恶之心,非人也;无辞让之心,非人也;无是非之心,非人也。恻隐之心,仁之端也;羞恶之心,义之端也;辞让之心,礼之端也;是非之心,智之端也。……凡有四端于我者,知皆扩而充之矣,若火之始燃,泉之始达,苟能充之,足以保四海,苟不充之,不足以事父母。①

虽然孟子极强调人天生而有的四端,但他也一样很清楚,人的个性亦相当依赖于教养和培育,也就是说相当依赖于外在的因素。底下一段话即说明这一点:

> 富岁子弟多赖,凶岁子弟多暴,非天之降才尔殊也,其所陷溺其心者然也。
>
> 今夫麰麦,播种而耰之,其地同,树之时又同;浡然而生,至于日至之时,皆熟矣,虽不同,则地有肥硗,雨露之养,人事之不齐也。
>
> 故凡同类者,举相似也,何独至于人而疑之? 圣人与我同类者。②

---

① 《孟子·公孙丑上》第六章。
② 《孟子·告子上》第七章。

底下这段文字指出了孟子直觉知识的理论：

> 人之所不学而能者，其良能也；所不虑而知者，其良知也。孩提之童，无不知爱其亲者，及其长也，无不知敬其兄也。亲亲，仁也；敬长，义也。无他，达之天下也。①

孟子对是非善恶的本质也极为强调，根据他的看法，这也是自明的。他说：

> 鱼，我所欲也；熊掌，亦我所欲也；二者不可得兼，舍鱼而取熊掌者也。生，亦我所欲也；义，亦我所欲也；二者不可得兼，舍生而取义者也。②

任何一个中国人对于道德义务——亦即是非的讨论，都是集中于讨论每一个人在其生命阶段上的道德责任。因此，比起西洋讨论什么是善、什么是幸福快乐等似乎更具理论性、客观性的说法更接近于人。孟子下面接着说：

> 生亦我所欲，所欲有甚于生者，故不为苟得也。死亦我所恶，所恶有甚于死者，故患有所不避也。如使人之所欲莫甚于生，则凡可以得生者，何不用也？使人之所恶莫

---

① 《孟子·尽心上》第十五章。
② 《孟子·告子上》第十章。

甚于死者,则凡可以避患者,何不为也? 由是,则生而有
不用也;由是,则可以避患而有不为也。

是故,所欲有甚于生者,所恶有甚于死者……①

由是根据孟子的看法,是非善恶对于人类来讲是自明的,
人应该小心维护,不使放失,他举出一个例子说明人何以只能
选择义之一途:

一箪食,一豆羹,得之则生,弗得则死。嘑尔而与之,
行道之人弗受;蹴尔而与之,乞人不屑也。②

我们认为,孟子的直觉理是建立在以下几个因素上:人之
四端、心共同的认定或自治的能力。因此,直觉与直接的解悟
不同,因为后者是人所认识到且被人把握着的,因此很清楚的
只是整个历程中的一个部分而已。

孟子之后,中国哲学便走到一个停滞不进的阶段了,佛教
便在这个有利的机会下流行于全中国。佛教梵文经典的翻译
是公元前一世纪佛教传进中国以后的主要工作。在佛教深入
中国人心灵之前已有许多世纪过去了。禅宗始于第五世纪,
它主张众生皆具有佛性。很明显地,佛教这一主张与孟子人
人皆可以为尧舜圣贤的主张相似。在禅宗第六祖惠能的卓越

①② 《孟子·告子上》第十章。

倡导下,人性天生为善的观点得到了支持。孟子的理论在这种刺激下得到了复苏,于是儒学和佛教以同样的方向并同着进行发展。惠能关于直觉知识的看法引起禅宗僧侣的回应,经由禅宗僧侣惠能的直觉学说散布到儒家学者间去了。

于此简略说明禅宗的发展史当是有所裨益的。禅宗是菩提达摩所创立的,他大约是在公元 470 年到 475 年间来到中国,他为中国人带来了这样的信息:

教外别传,不立文字;直指人心,见性成佛。①

达摩的一位徒弟慧可向他问道:"我心未宁,乞师与安。"师曰:"将汝心来,与汝安。"曰:"觅心了不可得。"师曰:"我与汝安心竟。"②

上面这种表面上看来深奥难解的说教告诉我们:心是在个人自身中,只有个人自己才能知道,他人是无法为他做任何事的。菩提达摩的教导亦是个人应该自宁静其心。心的发用是自知自明的,它从来无法在外物中展现,也无法被客观地或逻辑地证明。

当这一宗派发生了影响而凌越于其他佛教宗派之上时,便对儒者造成了刺激的作用,儒者于是开始阅读禅宗的语录,并且也似乎表现出喜欢阅读这些著作。唐朝(618—907)大部

① 契嵩:《传法正宗记》。
② 《传灯录》卷三(大正本第 51 页 219 中)。

分的政治家、学者及诗人都与禅僧有很密切的接触。韩愈
(768—824)这位古文大家曾上书宪宗皇帝谏迎佛骨,并且他
还写了《原道》这篇文章。在《原道》这篇文章中他为儒家肯定
尘世生活的态度作了辩护。但韩愈自己却有一位禅僧朋友,
亦即大颠和尚。他曾写信给朋友说明与大颠友善的经过,"来
示云:有人传愈近少信奉释氏。此传之者妄也。潮州时有一
老僧号大颠,颇聪明识道理,远地无可与语者,故自山召至州
郭,留十余日。实能外形骸以理自胜,不为事物侵乱,与之语
虽不尽解,要自胸中无滞碍,以为难得,因与往来。及祭神至
海上,遂造其庐,及来袁州,留衣服为别,乃人之情,非崇信其
法求福田利益也"①。韩愈虽然是位反对佛教的人,但显然却
也欣赏禅僧对于世界的态度。韩愈之后,诗人白居易一样也
与禅僧友善,他曾作过八首诗偈阐发禅僧凝公的心学理论:

1. 观偈

　　以心中眼,观心外相,从何而有,从何而丧,观之又观
之,则辨真妄。

2. 觉偈

　　惟真常在,为妄所蒙,真妄苟辨,觉生其中,不离妄
有,而得真空。

---

① 韩愈:《韩昌黎集》卷十八,《与孟简书》。

3. 定偈

真若不灭,妄即不起,六根之源,湛如止水,是为禅定,乃脱生死。

4. 慧偈

慧之以定,定犹有系,济之以慧,慧则无滞,如珠在盘,盘定珠慧。

5. 明偈

定慧相合,合而后明,照彼万物,物无遁形,如大圆镜,有应无情。

6. 通偈

慧至乃明,明则不昧,明至乃通,通则无碍,无碍者何?变化自在。

7. 济偈

通力不常,应念而变,变相非有,随求而见,是大慈悲,以一济万。

8. 舍偈

众苦既济,大悲亦舍,苦既非真,悲亦是假,是故众生,实无渡者。①

始创于菩提达摩的中国禅宗,在宋朝(960—1279)儒家重振之前的五代时期极为活跃。

禅宗的基本原则是(1)以心为主人;(2)肯定由心得到的直接了悟。这两个原则对新儒学的复兴——特别是宋朝时心学派的兴起——极有贡献。

宋儒对这种思考方式的态度并不一致。宋儒分为两派:(1)心学派,此派相信本心的恢复;以及(2)理学派,这派相信可以从外界求得许多知识。陆九渊(象山,1139—1193)及杨简(1140—1226)是心学派的代表人物;而程颐(伊川,1033—1107)、朱熹及其弟子后学则声称他们相信"理学"。而他们的共同面貌是认为正确的知识来自心。

陆象山是宋朝心学派的开山祖师。王阳明(1472—1529)则在明代(1368—1644)承继陆氏的学说。下面是他们之贡献的一个简要叙述。

---

① 《景德传灯录》,大正藏卷五一,第 24 册,东京:一九二八年出版。

陆象山经常要求人返求本心,他的哲学是建立在以下三个原则上:

其一,先立其本或先立其大。陆象山这一原则是学自孟子,其中包含了心的认知以及感官欲望的去除。陆象山赞同孟子的主张,认为人们若顺从心的权威,那么便有能力发现何者对自己是正确的,因为人性天生就是成全完善的。

其二,去欲。虽然人本身是成全完善的,但他却经常行事乖错,这是为什么呢? 这乃是因为人经常受到感官、欲望及激情的刺激;或者乃是说人经常由于受爱恶的影响而变得有偏见。

其三,不把道问学工夫看得最重要。陆象山确信心的优先性。基于这种信念,他轻视心应该从外面世界学习更多知识这种看法。

在陆象山写给其学生曾宅之的一封信中,他解释自己的观点说:

> 此理本天所以与我,非由外铄,明得此理,即是主宰。真能为主,则外物不能移,邪说不能惑。所病于吾友者,正谓此理不明,内无所主,一向萦绊于浮论虚说,终日只依借外说以为主,天之所与我者,反为客,主客倒置,迷而不返,惑而不解。①

① 陆九渊:《象山先生集》,卷一,《与曾宅之书》。

这封信很明显这是一封指责朱熹这位拥护理学者的信。

于此我们将看到,陆象山与其门人杨简的谈论中,如何将禅宗的方法借用进来,阐明心自知何者为善、何者为恶的道理。杨简本来是富阳主簿,后归入陆象山门下,杨简曾问陆象山说:"如何是本心?"陆象山乃举孟子的话告诉他:"恻隐,仁之端也;羞恶,义之端也;辞让,礼之端也;是非,智之端也,此即是本心。"①

杨简回答说:"简儿时已晓得,毕竟如何是本心?"杨简这个问题一直提了好几遍,但陆象山仍一直是同样的答复,而杨简也一直不能懂得其道理。

由于杨简是富阳主簿,适有卖扇子的来诉讼,杨简判定其是非曲直后,又向陆象山提出同样的问题。陆象山于是说:"闻适来断扇讼,是者知其为是,非者知其为非,此即敬忠本心。"②于是杨简恍然大悟,更加确信心的自知自明。

现在我们要谈谈心学在明代的发展。起初王阳明很难了解儒家哲学,尤其对"格物"的道理无法了解,朱子认为万物背后都有某些"理"在,我们必须经由研究从而发现这些道理。王阳明于是将朱子的理论拿来实验,格其家庭园中的竹子以求其理。经过许多次的苦思反省后,王阳明终无所得,并且还因为苦思用力太过而生病。王阳明于是得出结论,认为他极力苦求学习正是他无法致得其知的原因。于是王阳明想到,

①②　陆九渊:《象山先生集》,卷三十六,《年谱》。

当事物与其理相互分离时，它们如何能够在一个人的心中同而为一呢？由于他深受到这种问题的逼迫，于是有一小段时间放弃了格物的想法。

当王阳明 38 岁时，他遭受贬谪到贵州的龙场驿当驿丞。这期间他忽然顿悟了格物的意义，当时由于他太高兴了，出声太大，使得在房中睡觉的人也被吵醒起来。他的了解乃是建立在一种所谓物只不过是心之所对的观念上。当事物要被人所认识，它必须经由人的意识；当然事物的原理也就因此而能被人的心发现。于是王阳明接着考察古代经典，并在这些经典中找到了表示这道理的话，证明其新发现与古经典相符若契。（按此即是指阳明于龙场顿悟后著《五经臆说》一事。）从这时候起，他揭橥"心即理"，亦即知为实在之核心的理论。

以下一点显示出王阳明是如何定义其基本观念，并且也显示出他的思想结构是如何建立起来的："理一而已，以其理之凝聚而言谓之'性'；以其凝聚之主宰而言则谓之'心'；以其主宰之发动而言则谓之'意'；以其发动之明觉而言则谓之'知'；以其明觉之感应而言则谓之'物'。"①这一段引文只是其思想的一个核心部分，若要彻底地了解王阳明的思想，我们还有待作更进一步的研究。

王阳明曾经说过：

---

① 《传习录》中，《答罗整庵少宰书》第3条。

可知充天塞地中间,只有这个灵明,人只为形体自间隔了。我的灵明,便是天地鬼神的主宰,天没有我的灵明,谁去仰他高? 地没有我的灵明,谁去俯他深? 鬼神没有我的灵明,谁去辨他吉凶灾祥? 天地鬼神万物,离却我的灵明,便没有天地鬼神万物了;我的灵明,离却天地鬼神万物,亦没有我的灵明。[①]

王阳明论点中的一些要点如下:由于动植物能够养人,药石能够治疗人的疾病,因此在生物世界—物理世界与人类两方面之间必然要有精神上一气相通之处,因此宇宙核心中存有灵觉这一点是王阳明的根本信念。在这一核心处,人紧密地与在上的超自然世界和在下的自然世界连在一起。宇宙即是以人为其中心的一个整体。

底下一段王阳明与其学生的对话更详细地告诉我们他对于宇宙作为整体的看法:

问:"人心与物同体,如吾身原是血气流通的,所以谓之同体;若于人便异体了,禽兽草木益远矣,而何谓之同体?"

先生曰:"你只在感应之几上看,岂但禽兽草木,虽天地也与我同体的,鬼神也与我同体的。"

请问。

---

① 《传习录》下,第 133 条。

先生曰："你看这个天地中间，什么是天地的心？"

对曰："尝闻人是天地的心。"

曰："人又什么叫作心？"

对曰："只是一个灵明。"

"可知充天塞地中间，只有这个灵明。人只为形体自间隔了。我的灵明便是天地鬼神的主宰，天没有我的灵明，谁去仰他高？地没有我的灵明，谁去俯他深？鬼神没有我的灵明，谁去辨他吉凶灾祥？天地鬼神万物，离却我的灵明，便没有天地鬼神万物了；我的灵明，离却天地鬼神万物，亦没有我的灵明。如此，便是一气流通的，如何与他间隔得？"①

这一段对话告诉了我们，王阳明是如何来看待这一基本问题。他的意思是说：灵明即是实在，灵明包含两项，其一端是"心"，也就是能知，另一端是"宇宙"，也就是所知。它不但不能只指实体性而不指另一端，也不能单指人类。因此王阳明说：

目无体，以万物之色为体；耳无体，以万物之声为体；鼻无体，以万物之臭为体；口无体，以万物之味为体；心无体，以天地万物感应之是非为体。②

---

① 《传习录》下，第 133 条。
② 《传习录》下，第 75 条。

以上王阳明的意思是说,宇宙的本性依待于心知;并且若是没有人的灵明或心,那么只有一片混沌错乱的知觉而已。由此他说:

> 良知是造化的精灵。这些精灵,生天生地,成鬼成帝,皆从此出,真是与物无对。人若复得它完完全全,无少亏欠,自不觉手舞足蹈,不知天地间更有何乐可代。①

王阳明认为良知就像光明而富有能量的太阳;它知道何者为是、何者为非;它将无上命令具现出来。然而良知(或心)必须要保持纯洁无私,以免使得它在人心中表现得像太阳遭受云朵的遮掩。精灵是实在,然而实在的把握则要依待于一个纯洁无私的心灵。王阳明很喜欢从《中庸》中摘引句子,例如,"诗云:'鸢飞戾天,鱼跃于渊'言上下察也。"②鸢鸟在高空之上飞行,鱼悠游于泽海之中这个现象背后,隐含着许多高妙的隐奥,由此我们很可以理解地明白整个宇宙即是一个整合的整体。

这种将真与善联结在一起的做法,很明白的是良知的定义,也是王阳明希望是他首创出来的一个定义。对于王阳明来说,善与真理之光即是宇宙的真实实在。

---

① 《传习录》下,第61条。
② 《传习录》下,第127条。

附录一

王阳明的哲学

若有人问我:谁是中国最具影响力的思想家,我将毫不犹豫地回答是王阳明。王阳明是明朝(1368—1644)极受推崇的人,他生活于公元 1472 年至 1529 年之间。《明儒学案》中有二十六卷是在叙述阳明学派,约占全书的一半。这意味着他有非常多的门人散布在中国各地。并且王阳明敢于向从宋朝(960—1279)以迄于清朝(1644—1911)的正统学派宗师朱熹(1130—1200)挑战。王阳明的哲学是经过深思而构成的体系,人们能深刻感受到其彻底而尖锐的特性。如此说,我并没有要故意夸大王阳明势力的意思,或压低朱子的伟大,两者都是中国哲学史上的伟大思想家,但他们的思考方式中却有一个差别。由于他们每个人都建立了一个系统,并且其领域都包含了物理世界和道德价值、个人及宇宙。但是朱熹的系统以其多面性及普遍性而被人认为是谨慎周虑的构作;阳明的系统则以尖锐和深透为特色。

为使读者对下面进行的讨论具备背景知识,首先我想将王阳明的主要论点撮要如下:

1. 心即理,当心无私欲之蔽,即是天理,自然会践履正道,及遵行无上命令。

2. 依常识,含藏块然物事的外在世界是意之所对者,贝克莱"存在即知觉"(esse est percipi)之说,王阳明亦早已见到。

3. 俗见以为意和知是心分别的两个作用,但在王阳明的系统中,它们则是相互关联的,心之所发便是意,意之本体便是知。

4. 知为实在的心,亦即说,实在包含于意识之中。

5. 宇宙乃人为其心或中心的整体,所有人都是同胞手足,物理对象都具有类同于心的精神。

6. 无心或良知,则宇宙便不会有作用。

7. 物质或自然世界是以心为其作用的物质。

下面一段引文,王阳明自己解释了他的基本观念,并说明了他的思想架构是怎样建立起来的:"以其理之凝聚而言则谓之'性',以其凝聚之主宰而言则谓之'心',以其主宰之发动而言则谓之'觉',以其发动之明觉而言则谓之'知',以其明觉之感应而言则谓之'物'。"①然上面这个问题只是其思想核心的一部分,我们仍得详细研究他的整个思想。

一　形而上学:宇宙的凝聚

王阳明的前提是以宇宙的明觉、良知或知为其管钥,此非

_____

① 《传习录》,《王阳明全集》(四部备要本),卷二,《答罗整庵少宰书》,中华书局,第28页。

仅限于人,广义上并可推至一切有生命之物,乃至推及块然的物理对象。王阳明说:"人的良知,就是草木瓦石的良知;若草木瓦石无人的良知,不可以为草木瓦石矣。"①

另一处王阳明又说:"可知充天塞地中间,只有这个灵明,人只为形体自间隔了。我的灵明,便是天地鬼神的主宰,天没有我的灵明,谁去仰他高? 地没有我的灵明,谁去俯他深? 鬼神没有我的灵明,谁去辨他吉凶灾祥? 天地鬼神万物离却我的灵明,便没有天地鬼神万物了,我的灵明离却天地鬼神万物,亦没有我的灵明,如此,便是一气流通的,如何与他间隔得?"②

我不准备由上文便说王阳明是"物活论者",然而在他的说法中,却多少隐含有这种意思,他说五谷、禽兽之所以可以养人,药石之所以可以治病,乃是因为自然、生物世界与人的世界中有一气相通之故。

灵觉之存在于宇宙中心,这是王阳明的基本信念,而人即是此中心,密切地与在上的超感官世界和在下的自然世界联结在一起。宇宙是以人为其中心的一个整体。

下面王阳明与其学生的谈话清楚地描述了他把世界看为一整体的想法。

> 问:"人心与物同体,如吾身原是血气流通的,所以谓之同体;若于人便异体了,禽兽草木益远矣,而何谓之

---

① 《传习录》,《王阳明全集》(四部备要本),卷三,第13页。
② 同上书,卷三,第26页。

同体?"

先生日:"你只在感应之几上看,岂但禽兽、草木,虽天地也与我同体的,鬼神也与我同体的。"

请问。

先生日:"你看这个天地中间,什么是天地的心?"

对日:"尝闻人是天地的心。"

日:"人又什么叫作心?"

对日:"只是一个灵明。"

"可知充天塞地中间,只有这个灵明。人只为形体自间隔了。我的灵明,便是天地鬼神的主宰。天没有我的灵明,谁去仰他高?地没有我的灵明,谁去俯他深?鬼神没有我的灵明,谁去辨他吉凶灾祥?天地鬼神万物,离却我的灵明,便没有天地鬼神万物了;我的灵明,离却天地鬼神万物,亦没有我的灵明,如此,便是一气流通的,如何与他间隔得?"①

这段话告诉我们王阳明如何来看这个根本问题。他的意思是说,人的灵明是实在世界的本质。灵明分有两面:一方面是知,另一方面是被知的宇宙。这两面中任一方面都不能少却另一方面而仍对人有意义。因此,王阳明说:"目无体,以万物之色为体;耳无体,以万物之声为体;鼻无体,以万物之臭为

① 《传习录》,《王阳明全集》(四部备要本),卷三,第26页。

体;口无体,以万物之味为体;心无体,以天地万物感应之是非为体。"①

王阳明的意思是说,宇宙的本性依赖于知。没有灵明或心,那么它就要成为一个黑暗的世界,或对我们没有意义的世界。因此,他说:"良知是造化的精灵,这些精灵,生天生地,成鬼成帝,皆从此出,真是与物无对,人若复得他完完全全,无少亏欠,自不觉手舞足蹈,不知天地间更有何乐可代。"②

王阳明认为良知如同太阳,其照明乃是因为它知道是非,或它体现无上命令,然而这种良知必须要保持纯粹无私,否则它就会像太阳被云翳遮掩而昏暗。因此,精神性即是实在,但要把握住实在则要依赖于纯粹无私的心。

王阳明很喜欢引用《中庸》里的一句话:"诗云:鸢飞戾天,鱼跃于渊。"③这段话所描述的是在展现世界活动的场景。我们见到的是鸟飞翔于天空,鱼游于深海中,然而在此背后藏有着奥秘。所以为灵明的,乃即宇宙这一个整体。

王阳明的良知并不只是知识,而是使得事物可见以及可理解的光明。英国剑桥的一位柏拉图主义者史密斯(John Smith)说:

经由纯粹思辨这种由三段论证明来引导的方法,所

---

① 《传习录》,《王阳明全集》(四部备要本),卷三,第14页。
② 同上书,卷三,第11页。
③ 同上书,卷三,第25页。

取得的是浅薄、虚泛的知识；而源自真正至善的……则能
将神性的光明引入于灵魂中，比其他证明更为清晰确实。
为什么——尽管我们有这么多犀利的理由和精妙的辩
驳——真理不再于世界上遍行，其理由乃是因为我们这
么经常将真理与真正至善分开，事实上它们本身从来就
是不可分开的。①

这种把真理与至善连接在一起的做法，构成了王阳明本
人亦会同意的良知的定义。真理与至善的光，依王阳明的说
法，就是宇宙的实体。

这些片段，不管是取自东方或西方的思想家，都告诉我们
宇宙是一个以人为其中心的整体。中国哲学家王阳明不但告
诉我们人是什么，并且还告诉我们人应该是什么。王阳明总
结地说：

大人之能以天地万物为一体也，非意之也。其心之
仁，本若是。其与天地万物而为一也，岂唯大人，虽小人
之心，亦莫不然。……是故见孺子之入井，而必有怵惕恻
隐之心焉。是其仁之与孺子而为一体也，孺子犹同类者
也。见鸟兽之哀鸣觳觫，而必有不忍之心焉。是其仁之
与鸟兽而为一体也，鸟兽犹有知觉者也。见草木之摧折，

---

① Basil Willey, *The Seventeenth Century Background*，（NewYork：Doubleday & Co. Inc.，1953），p.144.

而必有悯恤之心焉,是其仁之与草木而为一体也,草木犹
有生意者也。见瓦石之毁坏,而必有顾惜之心焉,是其仁
之与瓦石而为一体也,是其一体之仁也。虽小人之心亦
必有之。是乃根于天命之性,而自然灵昭不昧者也,是故
谓之明德。①

王阳明的世界是有意识或道德的存有,与同他一样具有
精神性血缘的动植物共生在一起的大宇宙。这个宇宙是目的
论的,因为在其中主宰的是意识的法则和道德价值。

换句话说,仁的意义乃是万物一体同根所出的。它是精
神的,也是经验的;它是形而上的,同时也是形而下的,这一学
说极卓越地说明了中国道德价值的形而上理论是如何深刻地
植根于人类的实际生活之上的。

王阳明的宇宙观念表达得无过于前述各段有关心或理或
真理之光构成实体的话更为生动了。

二 心理学及知识论

王阳明从两个观点来谈他有关心的理论:(1)自然主义的
心,及(2)规范意义的心。他经常合并这两个观点,从自然主
义出发,以规范意义结束。

王阳明的一位学生萧惠抱怨说:

---

① 《王阳明全集》,卷二十六,《大学问》,第2页。

己私难克,奈何?

先生曰:"将汝己私来替汝克。"又曰:"人须有为己之心,方能克己,能克己,方能成己。"

萧惠曰:"惠亦颇有为己之心,不知缘何不能克己?"

先生曰:"且说汝有为己之心是如何?"

惠良久曰:"惠亦一心要做好人,便自谓颇有为己之心。今思之,看来亦只是为得个躯壳的己,不曾为个真己。"

先生曰:"真己何曾离着躯壳? 恐汝连那躯壳的己也不曾为。且道汝所为躯壳的己,岂不是耳目口鼻四肢?"

惠曰:"正是为此;目便要色,耳便要声,口便要味,四肢便要逸乐,所以不能克。"

先生曰:"美色令人目盲,美声令人耳聋,美味令人口爽,驰骋田猎令人发狂,这都是害汝耳、目、口、鼻、四肢的,岂得是为汝耳、目、口、鼻、四肢! 若为着耳、目、口、鼻、四肢时,便须思量耳如何听,目如何视,口如何言,四肢如何动;必须非礼勿视、听、言、动,方才成个耳、目、口、鼻、四肢,这个才是为着耳、目、口、鼻、四肢。汝今终日向外驰求,为名、为利,这都是为着躯壳外面的物事。汝若为着耳、目、口、鼻、四肢,要非礼勿视、听、言、动时,岂是汝之耳、目、口、鼻、四肢自能勿视、听、言、动? 须由汝心。这视、听、言、动,皆是汝心;汝心之视,发窍于目;汝心之听,发窍于耳;汝心之言,发窍于口;汝心之动,发窍于四肢;若无汝心,便无耳目口鼻四肢。所谓汝心,亦不专是

那一团血肉;若是那一团血肉,如今已死的人,那一团血
肉还在,缘何不能视、听、言、动?所谓汝心,却是那能视、
听、言、动的。这个便是性,便是天理。有这个性,才能生
这性之生理,便谓之仁。这性之生理发在目,便会视;发
在耳,便会听;发在口,便会言;发在四肢,便会动;都只是
那天理发生。以其主宰一身,故谓之心。这心之本体,原
只是个天理,原无非礼。这个便是汝之真己,这个真己是
躯壳的主宰。若无真己,便无躯壳;真是有之即生,无之即
死。汝若真为那个躯壳的己,必须用着这个真己,便须常
常保守着这个真己的本体,戒慎不睹、恐惧不闻,唯恐亏损
了他一些,才有一毫非礼萌动,便如刀割、如针刺,忍耐不
过,必须去了刀,拔了针。这才是有为己之心,方能克己,
汝今正是认贼作子,缘何却说有为己之心不能克己!"①

在这段讨论中,王阳明从(1)前面所提的自然主义层面出
发来谈"心",然后终结于(2)规范的层面。他总结了心应当是
什么,而不是心实际上是如何。规范地说:心即理。

下面再引王阳明著作中有关心的定义:"心之体,性也,性
即理也。"②"夫物理不外于吾心"③,"至善是心之本体"④。

---

① 《王阳明全集》,卷一,第26—27页。
② 同上书,卷二,《答顾东桥书》,第11—12页。
③ 同上书,卷二,第12页。
④ 同上书,卷一,第1页。

又王阳明有关心之本性的说明如下引:"心即理也,天下又有心外之事,心外之理乎?……且如事父,不成去父上求个孝的理;事君,不成去君上求个忠的理,交友、治民,不成去友上、民上求个信与仁的理:都只在此心。心即理也,此心无私欲之蔽,即是天理,不须外面添一分。以此纯乎天理之心,发之事父便是孝,发之事君便是忠,发之交友、治民便是信与仁。只在此心去人欲、存天理上用功便是。"①

上面即是王阳明所揭话头"心即理"的意义,这一话头令人回想起,它正是源自南宋陆象山(1139—1193)。由于王阳明踵继其著名前驱的脚步前进;然为如此做,他逸离了程朱学派的正统。依以前程朱的传统应是"性即理"。程朱一系坚守心为二层的理论,上层是理之所在的"性",下层则为知觉意识的心(亦即自然义的"心");然而若有人认为陆王完全放弃心两分,而提出同康德一样有趣的关于思想形式的理论,那么他便错了。他们只不过把两个层次融为单一整体上去,因为理必须通过心来表示,尤其是要通过心的思想历程来表示。

然而若把王阳明看作陆象山的徒众,这也离错误不远。于"心即理"之说上,这两个哲学家的理论是一样的,然而应强调的是,王阳明的整个系统比其前驱陆象山更为广摄、更为发展,而在这种意义下,王阳明的体系与陆象山的比起来,也是属于原创性的。"心即理"之说在阳明的系统中比陆象山的系

① 《王阳明全集》,卷一,第2页。

统发展到更为圆满的地步。

"良知"一词在这段说明阳明学说的文字当中出现了许多次。也许现在正好解释一下它的意义,中文"良知"一词是指内在的认知能力。王阳明所用"知""良知"等都是指同样意思。王阳明说:"良知之在人心,不但圣贤,虽常人亦无不如此。"①此意即是指良心或相共之知。阳明在致陆原静的书信中还说:

> ……而良知未尝不在,但人不知存,则有时而或放耳!虽昏塞之极,而良知未尝不明,但人不知察,则有时而或蔽耳。虽有时而或放,其体未尝不在也,存之而已耳;虽有时而或蔽,其体未尝不明也,察之而已耳。②

在阳明的看法中,良知是理性或实在界的一部分。他说:"良知是天理之昭明灵觉处,故良知即是天理。"③

在这封致欧阳崇一的信中,王阳明还说:"是故良知常觉常照,常照则如明镜之悬,而物之来者自不能遁其妍媸矣。"④

如此,所引王阳明论良知的话已足以显示它作为纯粹理性及实践理性的基本范畴。

---

① 《王阳明全集》,卷二,《答陆原静书》,第 8 页。
② 同上书,卷二,第 17 页。
③ 同上书,卷二,第 24 页。
④ 同上书,卷二,第 26 页。

"良知"一词的英文,我将其译为"intuitive knowledge",王阳明此一术语是借自《孟子》一书。事实上,《孟子》中这一词所由出的那段文字亦值得引述,因为它对于解释这一个词的意义能投予一道光明。孟子说:"人之所不学而能者,其良能也。所不虑而知者,其良知也。孩提之童,无不知爱其亲也。及其长也,无不知敬其兄也。亲亲,仁也;敬长,义也。达之天下也。"①

良能或良知可能会被现代一些心理学者解释为本能,在阳明的系统中,它是哲学的概念,并且涵盖了意识生活的三个层面:知、意、情。

许多哲学家如洛克(Locke)、休谟(Hume)建立知解或悟性或认知的体系,这并没有什么难解之处。较稀罕的是以意志来建构体系,然叔本华(Schopenhauer)由于受了许多印度哲学的影响,所以他如此做了。至于王阳明,如同我们前面所引的许多话,他极其强调良知,则是几近完全强调意的角色。

他所强调的意是真正的意或实在的意,或他所称之为"诚意"者。于此,"诚意"一词,他的意思与康德的"善意志"(good will)极为相同。王阳明以其惯常明确的说明指出:不管心中有否任何活动或刺激,这就是意。而控制意的方法则在于存受良善的动机以及除去不善的动机,然后此意乃诚。

这一理论同时意涵诚意与知有关。任何引发意的刺激都

---

① 《孟子·尽心章句上》第十五章。

被认为是良知。王阳明极精巧地解释了他的立场:"今人学问,只因知行分作两件,故有一念发动,虽是不善,然却未曾行,便不去禁止。我今说个'知行合一',正要人晓得一念发动处,便即是行了,发动处有不善,就将这不善的念克倒了,须要彻根彻底,不使那一念不善潜伏在胸中……"①于此王阳明所强调的是,若不善的意念能被完全清除,那么一直都是在意念初发动阶段的意,在它要付之于行动以实现它之前仍可以被导向正确的方向。

对于意这个论题,王阳明还谈了许多,在《大学问》中,他说:"然心之本体则性也,性无不善,则心之本体本无不正也,何从而用其正之功乎?盖心之本体本无不正,自其意念发动,而后有不正。故欲正其心者,必就其意念之所发而正之,凡其发一念而善也,好之真如好好色,发一念而恶也,恶之真如恶恶臭,则意无不诚,而心可正也。"②

从上面所引一段来看,朱子学说与王阳明的差别便很清楚了。朱子这位儒学正统派的大主柱,经由理性而特强调致知,认为一个人只有熟习了许多知识后才能分辨是非善恶。然而王阳明继承孟子的"良知"教,主张人一旦用其良知于其意念上时,其人即能分别是非善恶,是以心乃又恢复其正了。

王阳明系统强调意与知的密切关系——但这种细密的哲学理论,除了康德的实践理性外并不容易见到,康德也一样强

① 《王阳明全集》,卷三,第5页。
② 同上,卷二六,《大学问》,第4页。

调说实践理性就是意志。王阳明作了这样的解释："意念之
发,吾心之良知既知其为美矣,使其不能诚有以好之,而复背
而去之,则是以善为恶,而自昧其知善之良知矣。意念之所
发,吾之良知既知其为不善矣,使其不能诚有以恶之,而复蹈
而为之,则是以恶为善,而自昧其知恶之良知矣。若是,则虽
曰知之,犹不知也。"①

以上王阳明的意思是说:"行符合于良知,则意可诚,反之
便不能诚。"

由此王阳明更进一步说:"今于良知所知之善恶者,无不
诚好而诚恶之,则不自欺其良知而意可诚也矣。"②

如此,读者当亦已明白,于王阳明来说,良知与意念的关
系是多么密切。

关于王阳明论"意"这一主题谈了这许多,现在我们来谈
他的知识论。王阳明非常明白知识论上的问题。他的系统的
管钥亦即"物是意之所对"这一命题,他说:"一旦我们认为事
物存在于我们之外,而在空间中占有位置,那个自然世界与心
就两分了,其统一亦不可想象了。"王阳明在龙场顿悟格物致
知的那一夜,发现一切所谓"物"者都是意之所对,于是搭建了
沟通心与其对象间的桥梁,而为其哲学体系立了知识论基础。

就像贝克莱(Berkeley)及康德所探求的:外在世界的科学
知识是否可能? 王阳明亦问:知与道德价值是否可能? 结果

①②　《王阳明全集》,卷二六,《大学问》,第4页。

这位中国哲学家发现：任何知识，不管是外在世界的或内在的道德价值，若要真为知识，则它首先必须以意存于心中，然后通过作为思想对象之历程。

为要说明王阳明关于物为意之所对的理论，我们可以考察一下他答复顾东桥的信：

> 朱子所谓格物云者，在即物而穷其理也。即物穷理是即事事物物上求其所谓定理者也。是以吾心而求理于事事物物之中，析心与理而为二矣。夫求理于事事物物者，如求孝之理于其亲之谓也；求孝之理于其亲，则孝之理其果在于吾之心邪？抑果在于亲之身耶？假而果在于亲之身，则亲没之后，吾心遂无孝之理欤？见孺子之入井，必有恻隐之理，是恻隐之理果在于孺子之身欤？抑在于吾心之良知欤？其或不可以从之于井欤？其或可以手而援之欤？是皆所谓理也，是果在于孺子之身欤？抑在于吾心之良知欤？以是例之，万事万物之理莫不皆然，是可以知析心与理为二之非矣。……若鄙人所谓致知格物者，致吾心之良知于事事物物也，吾心之良知，即所谓天理也。致吾心良知天理于事事物物，则事事物物皆得其理矣。致吾心之良知，致知也；事事物物皆得其理者，格物也。①

---

① 《王阳明全集》，卷二，第 4 页。

于此另有一段关于王阳明答复人询问他"物为意之所对"之说的文字：有次王阳明游南镇，一友指岩中花树问道："天下无心外之物，如此花树，在深山中自开自落，于我心亦何相关？"阳明先生回答他说："你未看此花时，此花与汝心同归于寂；你来看此花时，则此花颜色一时明白起来，便知此花不在你的心外。"①

读者于此要记得，对王阳明来说，意或心所揭的知识的重要性并不是在于它们是主观的，而是在于它们具有形而上学的意义。关于这点，于下面的谈话中表示得很清楚：

朱本思问："人有虚灵，方有良知，若草木瓦石之类，亦有良知否？"

王阳明回答说："人的良知，就是草木瓦石的良知；若草木瓦石无人的良知，不可以为草木瓦石矣。岂唯草木瓦石为然，天地无人的良知，亦不可为天地矣。"②

最后一句话清楚地告诉我们，我们关于世界的知识是我们的心所实地造成的，是由我们思想历程造就而存在的构成。

在这个关键显出了朱熹与王阳明两人看法的差异。由于朱子安守于传统，因此他所关心的几乎毫无例外的是道德价值，但是他仍采取科学的态度来面对世界，分析地来研究自

---

① 《王阳明全集》，卷三，第14页。
② 同上书，卷三，第13页。

然。尤其他所采取的进路,极近于笛卡尔把实在二分为思想与展延,亦将心与物理世界割离开。王阳明在他思想发展的最初阶段,似乎追随朱子,同样设定心与其对象分而为二,此点可以从阳明格竹的故事得到证明,后来他肯认这个方法为无效。经过长期深思考虑后,正当他贬谪于龙场时,终于得出结论:由于事物首先必须在心中为意所对,所以理亦是在我们心中,而不是在外在世界里。这一值得注意的结论,王阳明称之为"心即理",它或许可以称之为贝克莱"存在即知觉"的中国版。

关于作为意之所对的"物"一词的意义,我要提一下亨克(Henke)的著作《王阳明的哲学》(*The Philosophy of Wang Yang-Ming*)。无疑,将王阳明的著作译成英文,正如他所自承是件困难的工作。我发现他所翻译王阳明致罗整庵的一信中丢失了一些原义。

首先让我将亨克的翻译与我的翻译比较一下,其间所遗漏的意思便昭然若揭。亨克的译文:"He who investigates things carries on this investigation with reference to the things of his mind, purpose and knowledge."[1]

此段原文为"格物者,格其心之物也,格其意之物也,格其知之物也。"[2]它共有三句,亨克结为一句,其实应译为:"The

---

[1]　Frederick G. Henke: *The Philosophy of Wang Yang-Ming* (Chicago: The Open Court Publishing Co., 1916), p.374.

[2]　《王阳明全集》,卷二,第 27 页。

investigation of things means an examination of objects which are in your mind; it is also examination of objects to which the will is directed; it also means examination of things which are thought of in your knowledge."

王阳明重复地分以三句话说出，因为他了解所谓物，不管是在心、在意或在知，都只不过是意之所对。正由于物是意之所对，所以它们存在于心、意及知中。我不认为亨克将之浓缩为一句能完全表达阳明原文的意义。

由此三句话引出王阳明下面更多的话，尝试要去展示心、意、知不能无意之所对之物而做到正心、诚意、致知。

下面一段"正心者，正其物之心也；诚意者，诚其物之意也；致知者，致其物之知也"。[①]亨克将之译为："He who rectifies, rectifies the mind manifested in his things; he who makes his purpose sincere, does so with reference to the purpose of his things; and he who develops his knowledge to the utmost does so with reference to the knowledge of his things."[②]

亨克用了"he who"这样的主词，因而使得他的译文更显得烦冗，而他将 mind、purpose、knowledge（心、意、知）之主观面置于"物"之前，则恰与王阳明本意相反。

王阳明这几句话应该简单地译为："Rectification of the mind means that things as objects of consciousness, which

---

① 《王阳明全集》，卷二，第27—28页。
② Henke, op. cit., p.374.

are in the mind, should be put right by rectification; making will true means that things as objects of consciousness, to which will is directed, should be brought in line with truthness; realization of knowledge means that things as objects of consciousness, which are in knowledge, should be studied to the utmost."

亨克将前三句浓缩译成一句以及对后面三句没有抓住原意而以己意翻译,其原因乃出于(1)事物是贝克莱义的意之所对;以及(2)主观面(心、意、知)及客观面(物)是可交相替换的。而正由于此可交相替换的性质,王阳明于是以同样语法说出前三句,借以强调主观面(心、意、知),而在后三句中强调客观面(物)。这两个面以此方式交相关联,因此它们可以不改变意义地交互替换。

王阳明学派在中国造成了这么大的影响,并在明朝成了朱子学派的对手。然而由于王阳明弟子的众多,各省许多门派亦多归于其门下,结果对于他的学说造成了许多种解释。他的讲论在他的学生中继续繁衍发展。到明末之际,他的学派终于被反对势力所取代了。阳明学派由于其流弊,造成其在中国的没落。

尽管阳明学派在中国的命运如此,然而他的影响在十七世纪时,由中国东渡到了日本。阳明学传入日本的确切时间仍有争论,日本学者山森(G. B. Sansom)在其《日本文化简史》(A Short Cultural History of Japan)一书中说:"……我们必须提中江藤树(1608—1648)这个名字,他是日本阳明学的奠立者。"①然而从一份日文数据中显示,僧人桂悟了庵曾于公元1507年前往中国,并晤见了王阳明,在他离华返日时,许多中国友人纷纷赋诗赠别,其前并冠加了王阳明的序。这一说法只见于日文的文献中,于中国并未见之。

然无论如何,中江藤树无疑仍是日本倡导阳明学说而使之普遍流行的人。中江藤树首先仍是属于朱子学派,朱子学派自十五世纪便在日本立基了。然而中江藤树在他37岁转信王阳明的学说。山森曾对这一转变作过解释:"……由于阳明学斥拒书传的权威性,推重实践的主体道德,并坚持要自发地学习、自发地责令自己,以企达对真理的直觉认知。这些说法由于它们可以让人摆脱传统主义,及免却卖弄学问,因此经常吸引日本上层阶级最具活力和最有思想的人。"②这些话清楚说明了王阳明在日本具有吸引力的原因。

中江藤树的出发点是《大学》中的"明明德",而所以为此"明"的基础乃是在于宇宙(包括人及万物)为一体,以及每个人的责任是如孔子在《论语》中所说"己立"之外还要"立人"。倘若一个人会不快乐,乃是因为其人未践行他的责任。"明"的工夫应从个人自己开始,也就是说,要个人力求清净自己的良心或良知,而施用之于人际关系上:即施用于亲、君、兄弟、

---

①② G. B. Sansom: *A Short Cultural History of Japan* (London: The Gresset Press, 1936), p.499.

朋友等上去。到此为止,中江藤树的思想仍未偏离中国人所了解的阳明学。然而中江藤树特别强调孝是人际关系的基础,这点他是否同王阳明相似,我们于此不准备讨论它。

在中江藤树与十九世纪阳明学在日本复兴之间发生了许多事件,诸如日本朱子学派及阳明学之间的论争,其间调和的尝试,以及回返属于日本本有的崇拜及思想的神道教之要求。其初有两个人,佐藤一斋(1772—1850)及大盐平八郎(中斋,1796—1837),在日本朱子学派的影响力极其衰退之际,为阳明学的复兴预铺好了道路。研究日本哲学及儒家的权威井上哲次郎曾说这两位思想家是王阳明的信徒。但有些学者则认为他们是属于朱子一派的。然无论如何,我想直接过渡到现在来谈大盐中斋的三传弟子吉田松阴,吉田松阴是大盐中斋的学生佐久间象山的学生。吉田松阴是日本明治维新背后的重要推动力量。而对于佐藤一斋及大盐中斋两人,有些学者将他们归为阳明的信徒,另有些学者则将他们划归朱子学派。

吉田松阴留有他认为是日本精神基础的 7 条原则,这 7 条是:

1. 天皇与万民应和谐地为同一社会中的成员而共同生活在一起。

2. 对天皇的忠与对父母的孝应视为同一德性所分显的两面。

3. 每一个人应察其"义",义为勇的基础。

4. 每一个人的作为应真诚,并坦承自己的过错。

5. 人们应较俗常更努力向祖先学习。

6. 人们应多亲近良师益友。

7. 人们应坚忍而为、蹈死而不辞。

最后一条原则,吉田松阴自己以身体证之了,因为他坚忍地从事日本的维新,终至以死殉。

那些把吉田松阴当作朱子学派的人,是因为他极强调专重忠孝的武士道。但我们不应忘掉,如同前文已提到的,他也是大盐中斋的学生佐久间象山的学生,大盐中斋对调和朱陆之学极富兴趣,因此吉田松阴自然受到这两个学派的影响。而他为其所信至以死殉的事实,显示出他了解并践履了王阳明"知行合一"之教。

在吉田松阴的学生中,伊藤博文及山县有朋两人是明治天皇的肱臣。吉田松阴被处死后,是由伊藤博文料理他的身后事的。

从阳明思想在日本造成正面的影响来看,很明显他的哲学具有很强的活力,因此,它还有希望在远东复活。

附录二

心与道德秩序 *

中国大部分哲学系统都以"心"为基本概念。由于释道思想的冲击,"心"的概念在宋代理学中得到了充分发展。然而理学家的观点受到古经书——特别是《易经》《孟子》——的影响,因此我相信把理学家对心的看法看成中国哲学发展的主要形态是不为过的。

对研究中国历史和思想的人来说,没有比"为何中国没有科学?"以及"为何在所有朝代更迭中,中国君主时代的结构会改变得这么少?"的问题更引人入胜和困惑。事实上,这个问题我们可以有很多种解释。但以一个研究哲学的人来说,我自然愿意以哲学作为探讨的线索。由于"心"是中国哲学的主要概念,因此我首先要对这个概念作一个简要的说明,然后检讨它有什么可以提供我们作为线索,来解释上述两个问题。

---

* 原作者及题目和刊出资料如下:Vincent Yu-chung shih, "The Mind and the Moral Order",刊于 *Mélanges chinoases et boudhiques*, X(1955), pp.347—364。

理学家认为心是无法捉摸的①,是"寂然不动,感而遂通"②。我们对它的知识来自它的活动,因为它是在作用中呈现的。所以说"体用一源、显微无间"③。

心被认为是宇宙之心,同时也是个人之心;两者并无分别。陆象山说:"宇宙便是吾心,吾心即是宇宙。"④不管宇宙之心的作用如何,它并不外于个人之心。⑤离开了个人之心,也就没有宇宙了。王阳明有一次告诉学生:"今看死的人,他这些精灵游散了,他的天地万物尚在何处?"⑥所以事实上"人是天地之心"⑦。

心包容一切,无物非心,心外无物。⑧孟子所说:"万物皆

---

① 程颢描写为"冲漠无朕",《濂洛关闽书》,见正谊堂丛书。

朱熹用"冲漠"描写道,在他的系统下,此可能解释为万事万物之理内在心中。另外王守仁见:《王阳明全集》卷一,四部备要重印本,上海:中华书局,第45页。

② "寂然不动,感而遂通"首见于《易经》。此语几乎为所有理学家所引用。

③ 见朱熹:《濂洛关闽书》。又王守仁,见上引书,卷一,第43、48、61页。

④ 陆九渊:《陆象山全集》,上海:世界书局1936年版,卷二十二,第173页。

⑤ 陆氏上引书,陆氏说:"道未有外乎其心者。"(卷一,第45页)又说:"道外无事,事外无道。"(卷一,第7页)因此他又说:"自可欲之善,至于大而化之之圣,圣而不可知之神,皆吾心也。"(卷十九,第145页)他并且说:"宇宙分内事,即吾分内事;吾分内事,即宇宙分内事。"(卷二十二,第173页)

王阳明在其全集中亦说:"心即理也,此心无私欲之蔽,即是天理。""……所以某说无心外之理,无心外之物。"以上俱见于《传习录》卷上。

⑥ 见《王阳明全集》卷三:"今看死的人,他这些精灵游散了,他的天地万物尚在何处?"(第85页)

⑦ 同上引:"先生曰:'你看这天地间,什么是天地的心?'对曰:'尝闻人是天地的心。'曰:'人又什么叫作心?'对曰:'只是一个灵明。'"

又,王阳明说:"夫人者天地之心,天地万物本吾一体者也。"(卷二,第67页)

⑧ 对于吾人与"理"为一及吾人与天地万物为一的道理,我们还有许多参考文献,下面是一些随手拈出的例子。(转下页)

备于我矣!"①最常被理学家引用。心即使在寂然不动的时候,也暗含着所有事物的形式;天地伊始,万事万物的原理就已暗含于心中。这句话似乎暗示哲学家没有什么东西好再讨论了。事实上,这句话可以改为:从"心外无物"的说法,我们也可以说无物也就没有心。而这点也正是阳明所说的。②因此,如我们前面所说,我们对于心的知识来自我们对心的活动的知识。实际上,理学是一种经验主义,当然这种经验主义的"经验"一词,要比一般所了解的意义更为广泛。在理学家眼

(接上页)程子(收于程氏兄弟集中的语录,经常只注明为"程子",不特别标明是程颢或是程颐):《濂洛关闽书》。

朱熹:《大学注》(第五章)及对《孟子》"万物皆备于我矣"条的注,见《孟子引得》,哈佛燕京学社 1941 年版。

朱子在《濂洛关闽书》中所说,我认为在论他的一元论中尤具重要性,兹引述如下:"儒释之异,正为吾以心与理为一,而彼以心与理为二耳。近近世一种学问,虽说心与理一,而不察乎气禀物欲之私;故其发亦不合理,却与释氏同疾,又不可不察。"此点是朱熹批评陆象山的说法。然而朱子对陆氏立场的批评并不是针对他的一元论,而是批评他无法正视气这种以物质及物欲呈现出来的东西。明王阳明曾引述一段朱熹所说而不能否认的话:"晦庵谓'人之所以为学者,心与理而已。心虽主乎一身,而实管乎天下之理;理虽散在万事,而实不外乎一人之心。'"

但阳明批评朱子还不完全是一元论者,他以为讲论心"与"理会造成错误推论,以为心与理为二而非一。我认为阳明的批评是吹毛求疵。朱子的一元论并没有错误。

《王阳明全集》录有:"爱问:'至善只求诸心,恐天下事理有不能尽。'先生曰:'心即理也,天下又有心外之事,心外之理乎?'"(卷一,第 37 页)

王阳明说:"夫物理不外于吾心,外吾心而求物理,无物理矣。遗物理而求吾心,吾心又何物邪? 心之体,性也,性即理也。……求理于吾心,此圣门知行合一之教,吾子又何疑乎?"(卷二,第 53 页)

① 见上注。

② 见《王阳明全集》:"离却我的灵明,便没有天地鬼神万物了。我的灵明离却天地鬼神万物,亦没有我的灵明。"(卷三,第 85 页)

中，现象界与本体界是同一个①，强调它们间的差别为的只是方便教导初学者。②就连较近于二元论的朱子③，也曾多次强调宇宙与心的相同，并指出本体界原理的"理"与现象界物质的"气"也是永不可分的，它们之间只不过是理在逻辑上居先而已。

知是心之本体，心自然会知。④因此人被视为万物之灵，人如我们所说是"天地之心"，并且也是建立天地之心的工具⑤，事实上，在他之外别无所有。

心的道德性质是理学家从孟子那里得来的另一个理；除道家、法家外，大多数中国思想家的伦理思想都肯定此点。这一点在他们定义知识、知识对象及学习对象⑥，以及理时，都

---

①　朱熹说明"理"与"气"是不可分的。理之先于气是逻辑的先。这一点意即在我们知识所关心到的，其现象世界与本体世界是为一的。又见《濂洛关闽书》。

又录陆象山与朱子争论时，他反对朱子截然地把现象世界与本体世界分开。他们两人的不同，是由于他们各自的癖性，而不是由于他们的基本观念。

②　在为学上，朱熹喜欢从明确、可以传达的东西始，亦即以格物致其理；但是陆王学派，则害怕耽研外物而失其途，因此强调当下恢复其失去的本心，因此，对陆王来说，这才是根本的。然而朱子与陆王在为学的路径上虽有不同，但最后的目标则一：亦即实现潜隐于心中的道德法则。

③　Bruce, J.Percy; *Chu Hsi and His Master*, London, 1923, pp.100, 120, 141. Huang Siu-Chi; *Lu Hsiang-Shan, A Twelfth Century Chinese Idealist Philosopher*, New Haven, 1944, pp.23, 44, 49, 56.

④　"知是心之本体，心自然会知。"见《王阳明全集》，卷一，第39页。

⑤　张载：《张子全集》，四部备要本，卷一，第132页。张子揭下语自为承担："为天地立心，为生民立命，为往圣继绝学，为万世开太平。"

⑥　道德学家有关这些正常考虑之逻辑程序的观念，可以从宋朝回溯到原始儒家。《论语》中称颜回好学，因为他"不迁怒，不贰过"。

又"君子学以致其道"，又"博学而笃志，切问而近思，仁在其中矣。"孟子认为了解人伦关系即是三代共有的教育制度——"学"的作用。

孟子还认为"义"就像味声色这种感官对象一样，是心官的对象。

至于理学家中，我们无法尽举，我只略举数端。

见朱熹《濂洛关闽书》《陆象山全集》《王阳明全集》。

可以很清楚看见。知识被认为与天理有关，并且就是存天理去人欲的能力。理是道德原理、是非标准，每个人都可在其内心中寻得。学习的对象通常是指正确在各种道德状况下言动的知识。换句话说，心的内容即是义、理、仁。虽然致知的门径互不相同，但基本上他们对心的本性的看法则是一致的。朱子由于强调"格物"，因此我们可能认为发现了有些人对客观事物也有兴趣，而不只是对心及其内在本性而已。但是当我们发现这种格物的真正结果是"而一旦豁然贯通焉……而吾心之全体大用，无不明矣"①，则将可能充满失望之情。在其他相关文字里，朱子也跟陆象山一样，将心与理视为一样。这种精神上的相似，说明了两个在哲学问题上相互激烈争辩的人，何以会互相表示尊重和佩服之故。②因此，"格物""穷理""致知"等，并不是指常人所了解的"物""理""知"；"物"不是独立于心外存在的客体，它与人际关系和道德规范有关。"理"不是事物的原理，而是事物整体中的道德原理。"知"也不是可检证有关物理事实的知识，而是道德本性的知识。

然而，这并不是否认他们也能思考有关自然事实的知识。但是对他们来说，这些事实并不是独立于心外。我们前面引过王阳明把宇宙看作是依赖于心的说法。同样地，他认为山

---

① 朱熹："而一旦豁然贯通焉……而吾心之全体大用，无不明矣"，《四书集注读本》，《大学》。
② 见戴静山：《朱子与陆象山的交谊及辩学的经过》，《大陆杂志》1954年第一期卷八，第11—14页。

中的花,只有在人见了它时,它才绽放其光彩。①但是自然事实的知识则常常被认为是养心致静的障碍,因此被判为恶。几乎所有理学家都把感官之知和德性之知分开,并强调道德本性的重要。因此,知不是知解或逻辑的过程;而是从严格的道德生活中所得的直觉了悟。他们的知识对象是价值而不是物理事实;他们的方法是直觉而不是逻辑。

我们前面说过心的本质是"知"②,心自然能知。率性而后心就能行能知,或者说能通,由于心能通,于是物便可知了。由于知识对象是道德的价值,所以心必然忙于内在道德本性的修养。这种心所仰赖的内在省视,将心的本质呈现给人自心的灵眼。在这点我们认识到"万物(即道德价值或理)皆备于我矣",以及心本来就是可知且清澈透明的。并且我们也看到,只有在"物"这个字被看成道德价值时,"万物皆备于我矣"或"宇宙便是吾心,吾心即是宇宙"的说法方才有意义。换句话说,这些哲学家认为心是一种道德秩序,每一个人都有这个本然之心,因此有成圣成贤、成尧成舜的潜能。

虽然每一个人都有一个本然为善的心,但是当它从事发用之际,它就受到物欲、私欲、思想及行为的习性所遮蔽,或受天生混杂的气质所混淆。这种遮蔽即是恶或无明。心在这里

---

①　《王阳明全集》,卷三,第79页。
②　王阳明说:"知是心之本体,心自然会知。"(《王阳明全集》,卷一,第39页。)朱子于其注解中说:"尽其心,知其性也。知其性者,则知天矣。"见《四书集注读本》,《孟子集注》。

被看作一个暂时失去的乐地,整个"学"的历程即是要以至诚澄清这个无明以恢复本心①,"学问之道无它,求其放心而已矣。"以王阳明的话说:"反朴归淳。"②

由于心的本质是知,而且"放心"即是失去本心,所以"求其放心",事实上即是尝试除去这些私欲物欲而让良知照耀其光辉。王阳明称此为"致良知"。它所以如此称呼,是因为它直觉地知道什么是对的、什么是错的,而不用对任何心外之物作推论。尤其良知是一个人行为的出发点,就如同行为是一个人良知的完成。知即行,不能行即是因为没有真正的知,在良知一瞥下,整个道德世界与其所有的理都呈现了出来。实际上,此举一经完成,就不再有任何对错善恶的问题,因为这样所恢复的道德秩序,就是静谧不移,完全不受物欲私欲邪恶影响染污的本心状态。

另一种恢复本心的方法是扩充心的道德能力,但这种能力不是知,而是爱。借着除去私欲,人灵明的心便寂然不动,此寂然不动最后经由虚明的工夫而达致于通;而心之为爱,则是活动的,这个活动最终经由虚静和动直而达致公溥③,"仁者浑然与物同体"④。

---

① 怀特海(Whitehead)将宗教定义为:"宗教是澄清内在的信仰,由此,原本的宗教情操是真诚的,一种富于穿透的真诚。"见其所著《形成中的宗教》(*Religion in the Making*, New York, 1926, p.15)。

② 《王阳明全集》,卷一,第 39 页。

③ 周敦颐:《周濂溪全集》,正谊堂本,第五卷,第 38 页。

④ 程颢:《二程语录》,正谊堂本,第二卷:"仁者浑然与物同体";又见:《濂洛关闽书》,程子部分。张载:《西铭》,《濂洛关闽书》。《王阳明全集》,卷二,第 58 页。

　　个人之心和宇宙之心的合一，可能暗示个人之心最后必完全被收纳于宇宙之心中，并因此而失去它们的合一性和个别性。然而，这不是理学家的结论，对他们来说，所有个别的心在任何质上都同样是善的，它们只有量的不同，因而此中的差异不但解释了人精神才能上的差异（因为有些人天生即为圣贤，有些人则否），并且也为每一个人在这个秩序井然的世界中立定了一个确定的地位。这一差异并不是指它们有任何的不均衡，因为金子总是金子，并不需要管它的量为如何。每一个人都被认定要担负一个独特的任务，而哲学家的任务即是要帮助人找出其自己的任务，以及教导人如何完成其任务。这一点意即：物物各得其所①。社会阶层应视为自然的分工，"自然"这一字是刻意使用的，因为根据儒家的看法，社会关系就是天伦。朱熹说："君臣之义，与生俱来，果非从外得也。"②社会是心具体的表现，在心中，所有这些关系都曾隐然地为清晰明白的，即使它在寂然不动的状态下亦是如此。因此，理想状态应是每一个人的心都要得到完全发展、完全实现；在一个社会中，每个分子为了整体而在一起工作，却又能不失掉他自己的个别性。

　　上面是理学家对心的看法的简略叙述，它为我们在起文

---

　　① 此句首出于《易经》，有"各正性命"，其意相同。此句是程颢所引用，见《二程遗书》。

　　② 《濂洛关闽书》中朱熹有"君臣之义，与生俱生，果非从外得也。"陆象山亦说："彝伦在人，维天所命。"

部分所设定的问题投予了一线光明吗？我的答案是一个肯定的"是"字！现在让我们来考虑知识问题吧！知识的本质是由其对象之本质来决定的，知识的本质也决定了所用的方法。我们看到，理学家和古典关于"心"的理论认为有意义的知识对象是道德事实和价值，而不是物理世界中所能证实的事实。既然如此，研究这些价值所采用的方法便不能是研究物理事实的那一类了。一个物理事实的特征是：在其他事物中，它具有还原为量的表式，因此切合于精确的数学程序，以及客观推至感官材料的可证实性。而这些实际上是道德事实或价值所不能有的。因为价值分明是属于质的，它们在某种状况下必然与心有关。它们必须直接地、在人心之间借着同情的了解和深刻的领会被经验到和相互传达。它们既不可能被客观地观察，也不能被约化成量，因此没有人能够不从根本上改变它们的性质而以量来操作它。知识若是借见闻之知而得到，那么中国哲学家就不会把它看作有价值的，有价值的知识是德性之知，因此我们自然不希望因鼓励科学发展而造成哲学的支离破碎。然而有趣的是，物理事实的累积和发现是理知的特技游戏，上焉者，并无何意义；下焉者，则引导心偏离其正道，沉溺不返。这样的心态不曾能够发展出一个理知的气候来，以符合于科学的发展，然而这一种发展的潜能，在名家、墨家和荀子的著作中则仍可发现。

附带地，这也解释了中国哲学家何以没有提出关于知识可能性及实效性的问题。知识对象隐含在我们自己心中，每个人必须做的是：在心中训练自己的理智，以便以绝对的确实性找出一个光彩夺目而不能以言语形容的内在世界。①

我们提出的第二个问题牵涉中国哲学家对中国社会现况的各个层面的无言默认。由于心本然是善，并有古圣王尧舜为典型，因此一种"向后看"（backward-looking）的态度便深植人心。存在于任何特殊时间的社会，即使不十分完全，看来亦仍像是一隐然在心中的道德秩序的整体呈现。得自自然或天命的社会关系，它逻辑地要人在其生活中弃绝他们的特殊地位，并减除欲望，直到无所欲求地修养自己的内心，而齐同于心灵的悦乐或平和。悦乐是心灵在欲念和满足欲念的客观事实中的平衡状态，这个心理的平衡可以借改造客观事实或主观欲念而获得。中国哲学家采取的是改变欲望以符合外在的环境，制之于始发并促其改变；然而西方则多采取另一种方式，借着将欲望显露于新的条件下而增强其力量。于是这个问题也与我们第一个问题有关，在一个人热心去除心垢和净化内在欲望以达至心灵的平静时，他很不可能对外界现象有兴趣，而对外在世界现象的兴趣却正可以导引出科学。

如此，科学和变化与中国哲学家的道德面貌真的水火不相容吗？我不认为其必然如此，从心的观点来看，于此有一些预设可以被简要地描绘出来；亦即在一些现代观念的帮助下，一定可以为科学发展及变化观念的活化提供一个理论基础。

---

① 《王阳明全集》，卷一，第41页。

根据理学家的看法:"宇宙即吾心""吾心即宇宙"。在这个说法中,并没有排除在演化意义下完全与科学和变化相合致的自然观点。若心是宇宙,就让我们以研究心同样充沛的精力透彻地研究宇宙。这个为心之全体的宇宙,含有许多面,并且若我们要获得完整的心的见解,则所有这些面一定要研究,"心与道德秩序"应当换句读成"心与世界秩序"。

由于心本身不可企及,而且我们的知识是来自经验;因此,我曾称理学家关于心的见解是一种经验主义。首先我们必须考察我们的经验,以找出我们这个经验中是否有任何通到心的真正本质的线索。然而,这种经验的考察并不能担保自由可以免于偏见,除非对所有显明性及数据都以一种完全公平的精神来处理。关于对所有显明性和数据所做的这一公平考察的基础,有一种心的见解,其基本上虽与理学家的看法相同,可是在事物的整个结构中,将是要承认心之自然面的重要。由于我不能进一步详细解说这个新见解,因此我准备简明地指出其发展的主要路径。

心本身是静止不动的:它只有在受到影响时才开始活动。我们所说的经验即是由此活动而得的。影响心的,即来自心发现其自己的境,当它受到影响,它即走进这一境中。在我们的知识领域内,心及其活动的境从不曾是相互隔离的。心范铸境成形式,而在范铸它时,心接受以境本性而强加之于它的训练。心的活动采取不对境之本性行暴的方式,而境也自行合乎于范铸的心。在被范铸时,境以限制心活动扩张的律则或范畴的方式来分授它的本质给心。经验是心在境中浪游的结果,这个境是另一个我们所认定的原始事实,对于这个事实,就像对于心本身一样,我们很少谈到它。就像知识始于经验,以及经验不超出于实际行动,因此心与境永远地在我们的视界之外。我们只有经验可用。然而解释什么是经验,亦即是在显示心详细考察境的各阶段,只要什么是经验这个问题清楚了,我们不但可以清楚地得到心的观念,并且什么是境的问题,也会有个清晰的概念。

由于经验是心浪荡生活的结果,因此很明显地,它不应该被限制于感官经验之内。任何来自心的生活的结果都是经验。因此,经由感官而来之心的活动是为感官经验,经由知解之心的活动则为思想或知解的经验;经由审美官觉而来之心的活动是为审美经验;以及经由道德感之心的活动则为道德经验。宗教的经验也仍是一种经验,但这种经验则是一种满足与终极实在直接接触的感官结果。

这种较广泛的经验概念需要一种持平理解的非化约主义者的境概念。像经验一样,这个境不能限制在我们感官所面对通称为物理的世界。另有许多其他的境与感官的物理世界一样客观。我们有:摆在我们知解能力面前的知解世界,摆在我们审美感官之前的审美世界;摆在我们道德感面前的道德世界,以及摆在我们宗教直观面前的宗教世界。在历游各种世界时,心是在各种世界的各种条件下工作的。这些条件表现出这些不同世界造成境之有限能力,以及将心的活动限制于一些可能性当中的本质。它们说明了事物为何是如此而不是如彼。它们赋予这些世界客观性,它们是律法,这些律法是独特而又单一的。我们就像有许多律法一样地在境上也有许多世界。

由于心与境以我们前面所描述的方式相互作用,因此它们必然有一种共同的元素在。心与境相互穿透,这种相互穿透可以理解成对于心与睿智的无知,乃或缺乏境的可理解性来描述。我们可以看到,它们事实上就是同一个东西。心所了解的是可理解的,心所不知的,则是不可理解的。当境由心开启而变得可理解时,它事实上是为心所收摄而成为心的一部分。于是了解可以看作心企图将境转为心的一部分,并因而实现它自身的历程。然而,这种克胜的历程完全与境的本质合致。境很有意义地成为了解在各种境中世界所采取的形式。境在其本质中具现出心在克服境时所必须遵循的律法。历史可以了解为心借着了解境或使境变成完全以理解而求取实现的努力。这亦即历史是心要把境转变为心的努力的另一种说法。归根结蒂,存在的只是心而不是境。

到底为什么心要让人对它无知呢?以及为什么心不永远都为现实的呢?这是永无答案的问题。也许有些解释可以由人类经验来推求。生命就像谷粒中所蕴含的生机,在它要使生命更繁盛之前,首先必须丧失它自己。同样地,心在它能够变得更丰富更有意义之前,首先可能要先失去其自己而成为非心(即境)。非心是将心置于自我修养、发展及进步的历程中的首要条件。它满足心走向完全实现的修炼的必要训练。心似乎就像是需要这种完全自觉的尝试，变得能够自觉的心，亦即是完全现实化和完全开启了的心。

心在其浪游中所遭遇的世界逐一地在其升进中变奏，并且这种变奏反映了浪游所造成的经验状态。因为各个世界的有限能力都作适当的改变，所以这些世界本质的原理或律法就不一样了。限制我们感官的东西来自物理世界，而物理世界也有其特殊的秩序和原理。同样地，智识世界、审美世界、道德世界以及宗教世界，它们每一个都有其自己的特定秩序和原理，亦即有其存在的理由（raison d'êfre）。这些世界中每一个都将前一阶段或以前各阶段拿来当基础，而在这些基础上建立一些新的东西。这些新元素并不单是由以前各阶段的原理来解释，并且也以这些原理及适应新阶段的新原理的关联来作解释。由此，我们必须要能够解释事物为什么是如此而不是如彼。一方面，事物意即是各阶段情境的本质；另一方面，事物也是心用以导境于正轨的工具。就其作为工具来说，它们一举便展现出操控者的本质，以及他们所操作的世界的本质来。因而各种世界的理法都展现出为心和境。在这历程当中，"心"的引入，是心的生活当中最具意义的事了，因为它是心的自我意识，或者说自我实现，并在这种自我实现的庇照下，早前世界中的意义于是就变得很清楚了。心就像康德所说的是自然的立法者。不管自然的或人的历史，其所以可能都是由此开始，宋明儒称人为宇宙的心，这是很有理由的。

在某种意义下,整个历程也可以认为是本心的恢复,并且在这种情况中,所有形式显然都是完善无瑕的。在各种世界中,秩序与原理的引入是心对其本性逐渐开启的结果。在心的进革当中,由于各领域贯串成一体,因而带来了民胞物与之感,此点可见于张载雄浑的《西铭》一文,以及程颢所揭橥仁人与天地万物为一体的道理中。

确实,这种洞见是直觉而神秘的,是行动及玄思生活的结果。然而人应在内心中玄思,而不该在外逐物不返的说法应是没有什么问题的,因为在心漫游于各个领域时而对其加以训练,那么前述说法对于缘饰于具有广泛经验及深刻见识的智者所言的,便不会失却其有效性。借由承认心于其全体中的统一性,那么也不会有片面强调道德问题,或片面偏于逻辑的或形式的问题。它为着重伦理思想的中国哲学家带来了科学精神,并在同时警告具有科学心灵的学者单以物理原理解释各种领域的现象所具有的危机。它或许可以促使他们承认纯科学文明所具有的危机,以及预止科学文明由于过分膨大的重量而造成的倾塌。

本文曾于 1955 年 3 月 31 日华府远东学会第七届年会中宣读

下编

比较中日阳明学

·

引　言

　　呜呼！人之所以为人，岂不以其知乎，岂不以其良知乎？人不能一刻离其环境中之事物，曰衣曰食曰住曰行，衣食住行之由来，由于士农工商，而士农工商之所以造成此衣食住行之具者，有农学工商之学与夫其他分科之学。此之谓知识或曰科学。知识与科学，起于人类好问其所以然之故，曰天何以运，曰日月星辰何以行，曰地何以载，曰万物何以生何以成，曰煤曰油何自而来，皆由人类之好问，其答案日积月累，乃成为知识乃成为科学。

　　虽然，天文、地理、物理、人事，皆外界事物，由于观察比较，以得其定律，而成其为科学。孔子之所谓仁，苏格拉底之所谓知自己，耶稣之所谓爱，起于其心中之自得自证。仁也、自知也、爱也，为三家之中心概念，由一心之所以为必然者，更推广于他人之同然而相与奉行焉。此则善恶是非之辨别，得之一己之良知而合于人心之同然者也。此之谓哲学或曰形而上学或曰宗教。

　　呜呼！非人类之有知，何以成其为社会，何以成其为科学乎！非人类有是非善恶之知，何以成其为宗教、礼乐、制度、文章乎？人类心中其有所同然者，而更有彼此相通彼此影响之作用,甲人所创之学说,乙人从而赞同之,甲国流行之学说,乙国从而效之,此学说之往还,犹之互市者之交易。中国之有丝茶所以影响于欧亚交通者何如,亚洲之香料所以影响于欧人之探险者何如。不独东西货物之互市如是,即学说之交通,亦何尝不然。释迦牟尼之学,由印度传入中国,孔孟学说由中国而移于日本,其他若穆罕默德、耶稣,乃若近代之科学哲学,无一而不有甲唱乙和之效用。此则东西文化之迎拒亲疏之交互变化作用,巧历难以尽穷者矣。

虽然,各国中一二人之学说,为他国所效法者不易多见。科学公例,甲国所有,乙国采而用之,此以科学本无国界,亦易于推行故也。以云哲学,将甲人之言,记载于乙国之哲学史中,此为习见之事。以云甲派学说之行于他国者,乙国即以其人之名,名其国中之同派哲学,如所谓盎格鲁—黑格尔主义,如所谓意大利黑格尔主义,此则各国中所不常见者。此岂独创始人创始国之光荣,抑亦由于人心所同然,而乐于拥护创始者以自名其继起学派之所致也。

欧洲黑格尔哲学,由德以及于英与意矣。我尝而求之亚洲,且问亦有与此同类之现象乎?以云释迦牟尼之由印而东亚,孔孟之由中国而日本,其事非不相类,然佛教与儒教根深蒂固,其移至于他国也,原非难事。以云阳明学为私人创立之学派,乃大行于日本,一如黑格尔主义之行于英意两国。中国哲学之行于世也,除朱子而外,唯王学具有国际性学派之名誉者矣。

阳明先生生时之正德二年(1507)，时日本僧人桂悟了庵游于吾国，尝往访之，且搜阳明著作，传之于日本。嗣后日本朱子学之创始者藤原惺窝(1561—1619)，亦读王氏之书。其专以流传阳明学为己任者，自中江藤树始(1600—1648)，其初见王氏书于书肆，无力以偿书价，乃脱其腰间所悬之大刀以易之。其继之而起者，有熊泽藩山、三轮执斋、佐藤一斋诸氏，而阳明之光辉，乃超过朱子学而上之。至明治维新时代，西乡隆盛与吉田松阴皆得力于王学而以身殉国，山县有朋与伊藤博文则又为吉田松阴氏松下村塾之受业门生。呜呼！阳明学之在吾国，人目之为招致亡国之祸，而在日本则杀身成仁之志行，建国济民之经纶，无不直接间接受王学之赐。语曰：种瓜得瓜，种豆得豆。瓜豆之种同，而所获之果大异。在吾国则为性心空谈，在日本则实现近代国家建设之大业。由此果实之异而推之，其为阳明学说之罪乎？其为国人所以接受之者不得其道乎？非国人今日所当深思而熟考者乎？

日本井上哲次郎氏为留学德国研究西方哲学之人，及既返国，乃以提倡阳明学为己任。尝为高濑武次郎氏所著日本之阳明学作序文一篇。其中有语曰：

> 阳明学为发达于东洋之一种哲学。其理论不得谓为深远，然在实行方面之关系上，实为伟大。世之以教育家自任者，诚一度研究阳明学，定能大有所得。今以德川时代儒教哲学之分派言之，则有朱子学派、古学派、阳明学派、折衷学派四种，其中属于阳明学派者，虽人数不多，然

均非腐儒，或以省察为事，或尽瘁于事功，其裨益于日本名教，决非浅鲜。良以阳明学派在四种之中，最富于实行性故也。阳明学说之渊源在于中国，即以中国论，阳明学派较朱子学派更富于实行性，而日本之阳明学派较中国之阳明学派，尤为富于活泼泼之精神，其在实际方面所成就之事迹，更使中国阳明学派视之瞠乎后矣。

井上氏之言曰阳明之理论不得谓深远。此点吾人所见与井上氏异，且置之不论。至于其比较中日两国阳明学，谓一则富于活泼泼之精神，一则有瞠乎后矣之观。井上氏心中殆有明末狂禅一段历史故作此轩轾之言。日本王学之短长何在，吾国王学短长何在，本书篇六之中，曾较而论之。同一学派之哲学，在其创始国之表现，与传入国之表现，常有不同，黑格尔主义之在德为抽象理论，及其移而至英，则为社会主义之先驱。王学在中日之异同，犹之黑格尔主义在德在英意之异同也。

吾人所希望者，不徒在既往异同之比较，而在今后之集长补短。日人既视吾国人为长于理论，则两国应在共同研究之下，将阳明理论，参照现代科学哲学而发扬光大之。日本王学者在实行方面之义勇与活泼为吾国人所不及，故应采日本之长，补吾国之短。此切磋琢磨之功，相勉责善之义，为吾所引领以望于中日两国之哲人者矣。

1954 年 10 月 8 日

卷　上

篇一　阳明学说体系

　　顾亭林氏于明之末造,批评阳明派之言曰:"今之君子,聚宾客门人数十百人,与之言心言性;舍'多学而识',以求'一贯'之方,置四海困穷不言,而讲'危微精一',我非敢知也。""以一人而易天下,其流风至于百有余年之久者,古有之矣,王夷甫之清谈,王介甫之新说;其在于今,则王伯安之良知是也。"顾氏意在推倒王氏,开创新风气,其后清代之考证学或曰经学,由此以发其端。至"五四"以后梁任公胡适之常引用此段文字,因而令人心理上发生一种心性学或理学无用之感想;甚至视西方现代哲学,亦类于宋明之言心言性,可委而弃之。究竟顾氏等之评论,其为正确之批评乎? 抑与王氏立言之旨正相反对乎? 此为今日应慎思明辨之一大问题。

　　读王氏书者,当无不记忆王氏"事上磨炼"与"千难百死中得来"之语。吾人欲求阳明学之真面目,应以阳明自身之言为准。其王氏所牵涉而属于旁枝者,门下解释者之言,与政治上相随而至之现象,应作为另一范畴而不与之混而为一。

　　第一,王氏所牵涉而属于旁枝者,如古本《大学》,如《朱子晚年定论》。王氏去朱子之《大学》分章而复旧本,同时去朱子补传之语。此问题虽起于分章，而实起于诚意与致知格物二者之孰重孰轻。名为《大学》版本，实即两家学说之异同也。《朱子晚年定论》一书，其考据年月之不确，阳明亦自知之。其答罗整庵书中，有"中间年岁早晚诚有所未考"之语，可见其中错误，王氏亦已承认。此二者，我之所谓旁枝，与其本身学说无涉者也。

第二，阳明学说之受谤，无过于《天泉证道纪》之四言教，此四言起自钱德洪与王龙溪之问答，乃记入《传习录》中，然四言教中无善无恶之旨，龙溪一生着重言之，而阳明自身则四言并重，初不若龙溪之专以第一言为主。泰州派自始信其淮南格物说，虽尝执贽阳明之门，然实自为一派。其江右王门，梨洲黄氏称之为最得王门之真传，然江右派之立言，系针对龙溪派下药，不免偏于寂静，而缺少阳明学说之自然与活泼之性质。此所谓解释者之言，不可尽以之归罪阳明也。

第三，龙溪辈专以无善无恶为心体之言，周流讲学，罗念庵氏评之曰："终日谈本体，不说工夫，才拈工夫，便以为外道，使阳明复生，亦当攒眉。"此后东林学派应时而起，反对龙溪辈之主张，有高景逸氏不患本体不明，只患工夫不密，史玉池有本体自有工夫，无工夫即无本体之对症发药之言。顾泾阳指龙溪辈所造成之讲学风气，评之曰："吾叹夫今之讲学者，恁是天崩地陷，他也不管，只管讲学。"言其所讲，只为清谈，无关政治得失。此为阳明派之末流，亦与阳明无涉者也。

第四，明之末造，东林学派激昂慷慨，无补于国家之危亡。

清代既兴，学者不以刘宗周黄梨洲之修正王氏为已足，乃起而提倡由王返于程朱运动。汤潜庵有言："欲求孔、孟之道而不由程朱，犹航断港绝潢而望至于海也，必不可得矣。"陆稼书有言："今之学者无他，亦宗朱子而已；宗朱子为正学，不宗朱子为非正学。"依陆氏之意，王学殆为异端，其可信乎？

第五，顾亭林氏先汤氏陆氏提出反王口号，其言曰："今之君子，聚宾客门人数十百人，与之言心言性。"谓心、性非可躐等而言，非可以空谈了事，其言是也。若谓因言心言性之弊，至于不承认理学，且欲以经学或考证学代之，此我之所不敢苟同者也。

以上五项，皆涉及阳明。或仅为旁枝，不关本题，或受学于阳明而变其宗旨，或对阳明而起反抗。谓其学派末流之弊可也。谓其学说之是非，由此以决，不可也。何也，学说之是非，应以本人所言者为根据，其条目何在，其体系何在，其立言在哲学史上是否有其地位，此数者应分别研究。吾人但见阳明学在大体上在精深处有其永久不可磨灭之价值，即就今日科学昌明时代言之，非无一二点应加以明辨或修正之处，然其在哲学史上之永久地位，非一二人之非议所得而抹杀者也。

阳明先生苦思力索者，曰心与理之为一抑为二。阳明求所以合而一之，乃得其结论，曰理气合一，曰心理合一，曰身心意知物之合一，曰知行合一。其归宿为宇宙万物之为一体。呜呼！东方哲学家善于思索善于创造一个思想体系如阳明者有几人乎？兹分项以说明之。

（甲）理与气；

（乙）心与理；

（丙）身、心、知、意、物；

（丁）知、行合一；

（戊）致良知；

（己）万物一体。

以上问题在答复之先，有一首应说明之点，是为哲学思想在每一时期，有一个中心问题。欧洲近代哲学，不论为大陆理性派与英伦经验派，其所欲答复之问题，为知识之正确性究竟何在。经验派曰，此由于外界之感觉，理性派曰，此由于内生之观念。康德则曰，知识虽起于经验，然内心中之思想格式实为之模型。此诸家之答案不同，其为问题一也。吾国近代哲学，周、程、张、邵首发其端，乃朱子集其大成。然自朱子陆子双方论辩之后，思想史中有一问题忽然呈露，即心与理为一抑为二问题，此问题之解答，朱子曰，应求之于致知格物。阳明曰，求之于致良知。此非欧洲与吾国之问题之相类似者乎，阳明先生见此为吾人所面对之问题乃把握之，且负起解答之责。此答案之思索，即其早年格竹之致病，与龙场之彻悟，同为相关联之一事。昔日之未悟者，至龙场驿而后大悟矣。其所以觉悟之关键，在其"无心外之理心外之物"之九字，此与后来英哲贝克莱所谓"存在（物）必经过觉知，其不知觉者，即为不存在"云云，为同一性质。王氏经此发见之后，于是理与气也，心与理也，知与物也，知与行也，一一以贯之。质而言之，唯心一元论,乃阳明先生苦思力索而道通为一者也。

(甲) 理与气

东西哲学家所遭遇之难题,不外曰外界之物,何以为内心之所知。此外之物或曰气,内之精神,或曰心,如何通而为一。亚里士多德氏谓之为格式与物质。笛卡尔称之曰,占空间之物与不占空间之心。此二者之为二,显然易见。然既为外界之物,能为吾心之所知,则二者殆有如源流之相通者在矣。

阳明先生之言曰:

> 良知是造化的精灵。这些精灵,生天生地,成鬼成帝,皆从此出,真是与物无对。
>
> 可知充天塞地中间,只有这个灵明。人只为形体间隔了。我的灵明,便是天地鬼神的主宰。天没有我的灵明,谁去仰他高。地没有我的灵明,谁去俯他深。鬼神没有我的灵明,谁去辨他灾祥吉凶。天地万物鬼神,离却我的灵明,便没有天地鬼神万物了。我的灵明,离却天地鬼神万物,亦没有我的灵明。
>
> 良知之虚,便是天之太虚。良知之无,便是太虚之无形。日月风雷,山川民物,凡有貌象形色,皆在太虚无形中发用流行,未尝作得天的障碍。圣人只是顺其良知之发用。天地万物,俱在我发用流行中。
>
> 天地无人的良知,亦不可为天地矣。盖天地与人,原

是一体。

诚是实理，只是一个良知，实理之妙用流行，就是神。夫天地之道，诚焉而已耳。圣人之学，诚焉而已耳。诚故不息，故久，故征，故悠远，故博厚，是故天惟诚也，故常宁，日月惟诚也，故常明也。

诚是实理，只是一个良知。

以上阳明先生言，明白承认物质之上，有一纯理或纯知世界，曰灵明可也，曰良知可也，曰诚曰理亦无不可。康德之术语名之为知之世界，黑格尔之术语名之曰绝对理念。凡唯心论之哲学家，其背后莫不以纯理或纯知为其出发点者也。

吾人试将王子与朱子之论理气为之比较。

朱子之言曰：

太极只是一个理字。

理只是个洁净空阔底世界，无形迹，它却不会造作。

未有天地之先，毕竟先有此理。

有是理而后生是气。

是理之世界，朱子亦承认之，其所谓"洁净空阔"，"无形迹"，与阳明之所谓"灵明"，所谓"太虚无形"，均为同一意义。但朱子对于此理之世界或曰理气之关系之立言，较阳明为小心谨慎。良以理之为理，可由物质而上溯乎。宇宙之源，此则太极所以为

理。若视"理之世界"为独立存在,则不免邻于虚无缥缈矣。因是朱子语录中对理先气后之言,时有声明限制之辞如下:

> 此本无先后之可言,然必欲推其所自来,则须说先有是理。然理又非别为一物,即存乎是气之中,无是气则理亦无挂搭处。

> 或问先有理后有气之说,曰不消如此说。而今知得他合下先有理后有气耶?后有理先有气耶?皆不可得而推究。然以意度之,则疑此气依傍这理行,及此气之聚,则理亦在焉。

朱子之言回翔审顾如此,哲学家中乃有以理气二元论称之者。然依其"太极只是一个理字"之主张,则世界之造成,由于理念以贯彻其间,乃朱、王二氏所同者也。

阳明先生确信理之普遍存在,且视物质世界为理之所得而支配。其言曰:

> 理者气之条理,气者理之运用,无条理则不能运用,无运用则亦无以见其所谓条理者矣。

如是,理为主动,犹建筑工程师之设计;气为材料,犹工程师为之衡量配置。唯其如此,一切事物之理,乃能为人所了解。否则将有扞格不通之处矣。吾人读阳明氏"与物无对"之语,与黑格尔氏"绝对理念"之名词,益感中西哲学有不谋而合者在矣。

(乙) 心与理

阳明先生关于心与理之术语,先列而举之:

> 心即理也。
>
> 无心外之理。
>
> 心外无理。

以现代语释之,人情事物之理,何以为人所知晓,此与近代哲学中所讨论知识何自而来,可谓为同一性质之问题。此心即理云云,应分两时代言之。第一,为程朱时代之性即理。第二,为陆王时代之心即理。程朱时代视人性中之仁义礼智四端,名之曰性,名之曰理,其视心之感应,类于耳目臭味之觉知,故推而上之,以达于性,其中为之标准者为仁义礼智,乃为真正之理之是非,而非血气之知觉。吾人当忆康德氏视洛克氏之感觉为不足,进而求之于判断之十二范畴,亦曰此乃真正思想之模型所以范铸吾人之知识者在是也。朱子不以爱解仁,而曰仁者爱之理,亦即所以辨别自然觉知之爱与理之是非之仁不可混而为一而已。此时期中,程朱置心于自然感觉层,而以性与理属之于上层。

陆王时代乃有心即理之言:

陆氏曰,然则吾将全乎天之所以与我者,不外先明此理,以拒外物之来侵耳。既明此理,则此心真能为主也。

当使心一于理而不容有二。故曰心,一理也,理,一理也,至当归一,精义无二。此心此理,实不容有二。(《与曾宅之书》)

阳明先生第一步将性与心合而为一。其言曰:

性是心之体。

心之体,性也。

心之本体,即是性。

心之本体,则性也。

第二步又将性、理二者与心联合为一。

心之体,性也。性即理也。

心即性,性即理。

理也者,性也。

天下无性外之理。

性与理既为同体,则上文所举"心即理","心外无理"之结论,自随之而来。陆、王之所谓心即理,不外康德之思想方式,所以陶铸外界之纷然者,以合于心之模型。虽康氏所言之思想方式,系适用于自然界智识,与陆王心即理云云,用之于道德界者,各不相类;然其为内心之轨范则一而已。

由王氏将性、理、心三者联为一体,于是有下列之理论:

> 心之体,性也,性即理也。故有孝亲之心,即有孝之理,无孝亲之心,即无孝之理矣。有忠君之心,即有忠之理,无忠君之心,即无忠之理矣,理岂外于吾心耶?

> 心即理也,天下又有心外之事,心外之理乎?

吾人倘承认陆、王所谓心即理,等于承认康德之所谓思想方式,则朱子所谓格物穷理者,亦即学问之充实材料之增益。安见程、朱与陆、王为两不相容之大敌耶?

(丙)身、心、知、意、物

阳明先生关于身、心二者之关系,曰:

> 身之主宰,便是心。
> 身之主为心。

何谓身,心之形体运用之谓也。何谓心,身之灵明主宰之谓也。耳、目、口、鼻、四肢,身也,非心安能视听言动。心欲视听言动,无耳、目、口、鼻、四肢亦不能。故无心则无身,无身则无心。但指其充塞处言之,谓之身。指其主宰处言之,谓之心。

心不是一块血肉，凡知觉处便是心，如耳目之知视听，手足之知痛痒，此知觉，便是心也。

阳明先生着重于主宰之心，同时不忘耳、目、口、鼻、四肢之用，何其与现代心理学家只知有条件的反应而不知有心者异耶？试问，苟无心在，又安从有反应可言耶？

阳明先生既发见凡知必先经过觉知之对象一阶段。所谓心也，意也，知也，物也，经过觉知阶段后，乃分别而成为心、意、知、物，其实为同一行历（Process），唯其所以名之者有异耳。其言曰：

只要知身、心、知、意、物是一件。……但指其充塞处言之谓之身，指其主宰处言之谓之心，指其心之发动处谓之意，指意之灵明处谓之知，指意之涉着处谓之物。

理一而已，以其凝集而言，则谓之性。以其凝集之主宰而言，则谓之心。以其主宰之发动而言，则谓之意。以其发动之明觉而言，则谓之知。以其明觉之感而言则谓之物。

呜呼！所谓龙场大悟格物致知之旨，寤寐中若有人语之者，不觉呼跃，从者皆惊云云，即指身、心、意、知、物之为一件事而言之。五者既为一件事，则知圣人之道，吾性自足，而向之求理于事物者之误矣。凡此平日视为单独之物各自存在者，至此乃能一以贯之。此五者既不离吾心之知，则一念之动，一意之起，一知觉之萌芽，一动作之发端，无不起于内心隐微之处，人之于其意念，应如何严加督察与辨别，良以外界行为之为罪为功，皆视其最初之起念何如而已。此阳明先生为世道人心所筑之堤防，岂后人所应掉以轻心者乎？

（丁）知、行合一

知、行合一之说，为阳明学说之重要部分。谓其关于知、行合一之立言，胜于前人则可；谓为阳明先生独有之见解则误。朱子尝有言曰：

> 今人欲就将知、行分作两件去做，以为必先知了，然后能行。我如今且去讲习讨论，做知的工夫。待知得真了，方去做行的工夫。故遂终身不行，亦遂终身不知。此不是小病痛，其来非一日矣。

朱子在其答《吴晦叔书》中更有言，曰：

> 大学之书，虽以格物致知为用力之始。然非谓初不涵养践履，而直从事于此也。又非谓物未格知未至，则意可以不诚，心可以不正，身可以不修，家可以不齐也。但以为必知之至，然后所以修己治人者，始有以尽其道耳。若曰必俟知至，而后可行。则夫事亲从兄承上接下，乃人生之所不能一日废者，岂可谓吾知未至而暂辍以俟其至

而后行哉？

以上两段朱子之言，可以证知、行合一之说。朱子亦已知之，初不自阳明始也。兹录阳明知行之言，以资对证：

> 知是行的主意，行是知的工夫。
>
> 知是行之始，行是知之成。圣学只一个工夫，知行不可分作两件事。
>
> 夫人必有欲食之心，然后知食。欲食之心即是意，即行之始矣。食味之美恶，必待入口而后知，岂有不待入口而已先知食味之美恶者耶？必有欲行之心，而后知路。欲行之心即是意，即是行之始矣。路岐之险夷，必待身亲履历而后知。岂有不待身亲履历而已先知路岐之险夷者耶？
>
> 如好好色，如恶恶臭，见好色属知，好好色属行。只见那好色时，已自好了，不是见了后又立个心去好。闻恶臭属知，恶恶臭属行。只闻那恶臭时，已自恶了，不是闻了后别立个心去恶。如鼻塞人，虽见恶臭在前，鼻中不曾闻得，便亦不甚恶，亦只是不曾知臭。就如称某人知孝，某人知弟。必是其人已曾行孝行弟，方可称他知孝知弟。不成只是晓得说些孝弟的话，便可称为知孝弟？又如知痛，必已自痛了方知痛。知寒必已自寒了，知饥必已自饥了，知行如何分得开。此便是知行的本体，不曾有私意隔断的。圣人教人，必要是如此方可谓之知，不然只是不曾

知。此却是何等紧切着实的工夫。

王氏知、行合一之言，所以进于朱子者，在其能发见"行"为人生之天性，近于柏格森氏之"行"为生命之关键，与詹姆氏之实用主义矣。试将知、行合一之义，更推广而言之，不外前文身、心、知、意、物合一之工夫，或更简言之，曰诚意工夫。试读下列之言：

> 问知行合一。先生曰，此须识得我立言宗旨。今人学问，只因知行分作两件，故有一念发动，虽是不善，然却未曾行，便不去禁止。我今说知行合一，正要人晓得一念发动处便是行了。发动处有不善，就将不善的念克倒了。须要彻根彻底不使那一念不善潜伏在胸中。此是我立言宗旨。

阳明先生指出动机之不善者，便当克了，然后可谓为真知真行，此乃知、行合一之真义。更进而言，既知其为善，而不以力行继之者，其为知而不行，更加显然。孔子曰：见义不为无勇也。谓勇气不足之人，徒知一身之利害，而忘正义不彰之为害更大。此则为正义而奋斗为成仁而杀身者所以壮烈也。

（戊）致良知

致良知为阳明晚年成熟时代之言，本于孟子不虑而知不学而能之良知良能之说也。然阳明之言，以一种宇宙论为本

源,故其含义较孟子尤为深远。录阳明言如下:

> 知是理之灵处。
>
> 良知是天理之昭明灵觉处。
>
> 天理之昭明灵觉,所谓良知也。
>
> 自千古之前,以至万代之后,无有不同者。是良知也者,是所谓天下之大本也。
>
> 良知之在人心,亘古亘今,无有终始。天理即良知。
>
> 良知之在人心,无间于圣愚,天下古今之所同也。
>
> 心之本体,无起无不起,虽妄念之发,而良知未尝不在。但人不知存,则有时而或放耳。虽昏塞之极,而良知未尝不明。但人不知察,则有时而或蔽耳。虽有时而或放,其体实未尝不在也。存之而已耳。虽有时而或蔽,其体实未尝不明也。察之而已耳。若谓良知亦有起处,则是有时而不在也。非其本体之谓矣。
>
> 人若知这良知诀窍,随他多少邪思狂念,这里一觉,都自消融。
>
> 一友自叹,私意萌时,分明自心知得。只是不能使他即去。先生曰你萌时,这一知处,便是你的命根。当下即去消磨,便是立命功夫。
>
> 谨独即是致良知。
>
> 沈空守寂,与安排思索,正是自私用智。其丧失良知一也。

阳明先生于其50岁时遗邹守益书中之语,曰:

> 近来信得致良知三字,真圣门正法眼藏。往年尚疑未尽,今自多事以来,只此良知无不具足。譬之操舟得舵,平澜浅濑,无不如意;虽遇颠风逆浪,舵柄在手,可免没溺之患矣。

另有告人之语,称良知为千古圣贤相传一点滴骨血。又曰:"某于此良知之说,从百死千难中得来,不得已与人一口说尽。只恐学者得之容易,把作一种光景玩弄,不实落用功,负此知耳。"阳明先生抬出此三字,称之为千古嫡传,其重视之也可知。又恐其作光景玩弄,以负此知。则后来逃虚沈空之弊,阳明先生隐约中已预见之。

(己) 万物一体

人之所以为人,天既赋之以身、心、知、意,凭其纯洁之是非之心,去恶服善,或砥砺一己,或扩而充之,以经国济民。此则孔子之所谓立己立人,张载之所谓民胞物与也。阳明先生曰:

> 盖天地万物,与人原是一体。其发窍之最精处是人心一点灵明。风雨露雷,日月星辰,禽兽草木,山川土石,与人原是一体。故五谷禽兽之类皆可以养人,药石之类

皆可以疗疾,只为同此一气,故能相通耳。

世之君子,惟务致其良知,则自能公是非,同好恶。视人犹己,视国犹家,而以天地万物为一体,求天下无治,不可得矣。后世良知之学不明,天下之人,用其私智以相比轧……相陵相贼,自其一家骨肉之亲,已不能无尔我胜负之意,彼此藩篱之形,而况于天下之大,民物之众,何能一体而视之?

夫圣人之心,以天地万物为一体。其视天下之人,无外内远近,凡有血气,皆其昆弟赤子之亲,莫不欲安全而教养之,以遂其万物一体之念。天下之人心,其始亦非有异于圣人也。特其间于有我之私,隔于物欲之蔽,大者以小,通者以塞。人各有心,至有视其父子兄弟如仇仇者。圣人有忧之,是以推其万物一体之仁,以教天下,使之皆有以克其私去其蔽,以复其心体之同然。其教之大端,则尧、舜、禹之相授受,所谓道心惟微,惟精惟一,允执厥中。而其节目则舜之命契,所谓父子有亲,君臣有义,夫妇有别,长幼有序,朋友有信,五者而已。

读以上自甲至己阳明先生之语,试问何一语不切于身心者乎?何一语不教人自己内省自己克制者乎?何一语不关于去人欲存天理者乎?何一语非自求其不愧屋漏者乎?何一语不以他人之饥溺为怀抱者乎?其踏实而不蹈虚也如此。其工夫之切实而不为虚无缥缈之言如彼。其为积极而非消极,其为兼善而非独善,视释氏之以慈悲去众苦,耶稣以爱导人登天堂者何以异乎? 奈何阳明逝世之后,其末流有以谈本体顿悟默坐调息为王学本领者;有以放逸为高,蔑弃礼法,无所忌惮者;此乃受教者之不善学阳明,与先生何涉乎?

虽然求阳明先生学说之真,不徒以言教为限,应进而求之于其身教。其营救戴铣与薄彦徽也,何其见义勇为。其谪龙场也,何其合于素患难行乎患难之旨。其平宸濠之乱也,何其料敌如神。其应付武宗之南下也,一以坦白镇静出之。其逝世之遗言,则曰此心光明,亦复何言。此所谓千艰百死中之经历,视其理论,尤为真切者也。

兹按年谱摘要举其平生事迹如下:

正德元年丙寅　武宗初政,宫阉刘瑾窃柄,南京科道戴铣薄彦徽等以谏忤旨,先生抗疏救之。疏入,下先生诏狱,已而廷杖四十,既绝复苏。谪为贵州龙场驿丞。

三年戊辰　至龙场,夷人鴃舌难语,教夷人与中土亡命者范土架木以为居室。自计得失荣辱,皆能超脱,惟生死一念尚觉未化,乃为石墎自誓曰,吾惟俟命而已。

一日中夜,忽大悟格物致知之旨。寤寐中若有人语之者,不觉呼跃,从者皆惊,始知圣人之道吾性自足,向之求理于事物者误也。

四年己巳　主讲贵阳书院,始论知行合一。

五年庚午　冬入观,升南京刑部四川清吏司主事。

六年辛未　调吏部,验封清吏司主事,为会试同考官。升清吏司员外郎。

七年壬申　升南京太仆寺少卿。便道归省。

九年甲戌　升南京鸿胪寺卿。

十一年丙子　巡抚南赣汀漳等处。平漳寇。班师以后,行什伍之法于民众之中。改授提督南赣汀漳军务。

十三年戊寅　征三浰,龙平,大帽浰头诸寇。刻古本大学,朱子晚年定论。门人薛侃刻传习录。实行乡约。

十四年己卯　奉敕勘处福建叛军。闻宸濠反,返吉安起义兵。不及旬月,大难弭平。

太监张永、张忠怂恿武宗南下亲征,且纵宸濠于鄱湖之中,俟武宗亲与遇战而后奏凯论功。阳明为张永力言纵濠之害,将陷天下于土崩瓦解之势,乃以濠付之,称病西湖净慈寺。

张忠、许泰在南都谗先生必反。武宗问忠等曰,以何验反。对曰召必不至。及有诏面见,先生闻命即行。忠等恐语相违,拒之芜湖半月。先生入九华山,武宗遣人觇之,曰王守仁学道人也,召之即至,安得反乎? 乃得旨返江西。

十五年庚辰　先生以车驾(武宗)未还京,心怀忧惶,且叹功高震主之难处。

十六年辛巳　武宗驾入宫,始舒忧念。自经宸濠忠泰之变,益信良知真足以忘患难,出生死,所谓考三王,建天地,质鬼神,俟后圣,无弗同者。

升南京兵部尚书,参赞机务,便道归余姚省祖茔。

嘉靖元年壬午　龙山公卒,葬于石泉山。

二年癸未　先生在越。

三年甲申　在越,八月宴门人于天泉桥。

南大吉续刻传习录。

四年乙酉　在越,答顾东桥书。

五年丙戌　在越与邹守益,南大吉,欧阳德,聂豹书。

六年丁亥　在越,命兼都察院左都御史,征思田。九月发越中,渡钱塘,过常山南昌,乃达梧州。

七年戊子　思田平,兴学校,抚新民,又袭入八寨断藤峡。

十一月卒于南安。

呜呼!先生之丰功伟烈如此,岂能与王衍之清谈误国相提并论,又何能与王安石之一意孤行无所成就者同类并观。顾亭林氏徒以痛恨明末学风,以之归罪阳明,乃以夷甫荆公为衬托之人。其非平情之论,何待辩乎?

虽然,本文中吾人所欲讨论者,为王氏学说之是非,其于现代,究有何价值?窃以为人类之所以立于世界,曰知识与道德而已。知识与道德之根据,在乎是非。所以是非善恶者,在乎人心之辨别。其尤可贵者在乎其自得自知自省自反自证。试观孔子之斥长沮桀溺与丈人者,非其自己认定之是非乎!

孟子之所以不以张仪公孙衍为大丈夫者，非其自己衡量中之是非乎！文文山之死，非其自己毋求生以害仁之志愿为之乎！顾亭林、王船山之隐居，非其自己不臣于异族之决心有以致之乎！知是知非之心，不为富贵不为名利乃至不为一己之生存而求所以无愧于一心，此乃人之所以为人，民族之所以为民族之所在也。其有不承认此标准者，是为奴为婢，是为傀儡，是为卫星国而已。人类立于世界，既一日不能离知识，一日不能离道德，一日不能放弃人格，则王氏学说之永垂不朽于天壤，可以断言矣。

篇二 王 学 衰 落

王氏晚年专提"致良知"三字。《明儒学案》中记之曰：

> 江右以后，专提致良知三字，默不假坐，心不待澄，不
> 习不虑，出之自有天则。

黄氏此段记载，有类于明末理学术语之迷离。令人莫测
高深。反不若王氏自身之言为切实。其言曰：

> 良知者，孟子所谓是非之心，人皆有之者也。
> 良知良能，愚夫愚妇与圣人同。
> 心之本体，无起无不起，虽妄念之发，而良知未尝不
> 在。但人不知存，则有时而或放耳。虽昏塞之极，而良知
> 未尝不明，但人不知察，则有时而或蔽耳。虽有时而或
> 放，其体实未尝不在也，存之而已耳。虽有时而或蔽，其
> 体实未尝不明也，察之而已耳。若谓良知亦有起处，则是
> 有时而不在也，非其本体之谓矣。

经此剖析以后，王氏断言之曰，良知是天理之昭明灵觉处是也。

王氏"致良知"三字之背后，有极关紧要之含义，即为意不离知，知不离意。常人将知情意分而为三，乃误以为意可以离知，知可以离意。王氏答之曰此二者发于一源，可以互相观照，互相监察。其言曰：

> 意则有是有非，知得意之是非者，则谓之良知。
>
> 凡意念之发，吾心之良知，无有不知者。其善欤？惟吾心之良知自知之，其不善欤？亦惟吾心之良知自知之。

更推广言之，情之发动，亦与良知相关联。其言曰：

> 夫人者，天地之心，天地万物，本吾一体者也，生民之困苦荼毒，孰非疾痛之切于吾身者乎？不知吾身之疾痛，无是非之心者也。是非之心……所谓良知也。

王氏意，情意之发动，可凭良知为监察，良知之发动，又赖乎意志为之决定。以三者能依其昭明灵觉大公无私之本质以实现之，自然合于天理人情而心无愧怍矣。王氏所谓良知只是一个天理，其意在此而已。

以上王氏学说，字字有凭据，旁人不易驳倒。若更就其省察克治之严密，亦为后人所望尘莫及者。举其言如下：

　　仆近时与朋友论学惟说立诚二字，杀人须就咽喉上着刀，吾人为学当从心髓入微处用力，自然笃实光辉，虽私欲之萌，真是红炉点雪，天下之大本立矣。

　　变化气质，居常无所见，惟当利害经变故遭屈辱，平时愤怒者，到此能不愤怒，忧惶失措者，到此能不忧惶失措，始是得力处，亦便是用力处，天下事虽万变，吾所以应之，不出乎喜怒哀乐四者，此为学之要，为政亦在其中矣。

　　数年切磋，只得立志辨义利，若于此未有得力处，却是平日所讲尽成虚语，平日所见皆非实得。

以上所言，为王学之实证方面。

然王学尚有其另一面，本体论是也。宋明理学受佛学与禅宗之影响，常追求一个超于相对之境界。其引用孔子之言，举《论语》中"予欲无言"，《易经》"天下何思何虑"，《中庸》"不睹不闻"或《礼记》"人生而静"之言，且释之与佛氏"不落言诠"为同义，试读王龙溪序阳明全集之文，然后知龙溪特别着重于"无言"之教，其后且与泰州一派交流，而王氏学派乃犯所谓心性空谈之病不可救药矣。

《天泉证道纪》中明载阳明门下两派见解不同。钱德洪氏举以下四句，更从而释之：

　　无善无恶，心之体。有善有恶，意之动。知善知恶是良知。为善去恶是格物。

钱氏认为师门教人定本，不可更易。且释之曰：

> 心体是天命之性，原是无善无恶的。但人有习心，意念上见有善恶，格致诚正修齐，此正是复那性体工夫，若原无善恶，工夫亦不消说矣。

然王氏龙溪反对之曰：

> 此恐未是究竟话头，若说心体是无善无恶，意亦是无善无恶的意，知亦是无善无恶的知。物是无善无恶的物矣。若说意有善恶，毕竟心体还有善恶。

钱王两氏互相争执，未知所决。乃就王氏阳明询之。王氏答言如下：

> 吾教法原有此两种。四无之说，为上根人立教。四有之说，为中根以下立教。上根之人悟得无善无恶心体，便从无处立根基。意与知物，皆从无生，一了百当，即本体便是工夫，易简直截，更无剩欠。顿悟之学也。中根以下之人，未尝悟得本体，未免在有善有恶上立根基。心与知物，皆从有生。须用为善去恶工夫，随处对治，使之渐渐入悟。从有以归于无，复还于本体，及其成功一也。

此段文字中，"从无处立根基""皆从无生""从有以归于无"之语，均从佛教中来。吾人处于"彼此人我"对待之世界，何从而证"无善可名，恶固本无，善亦不可得而有"（龙溪《天泉证道纪》中语）之境界。此等最后究竟之境界，虽可想象，然何能以之形容人世。

一部《明儒学案》六十二卷，关于王门者共三十六卷，其最后四卷东林学派，乃对王学病症之发药，刘蕺山一章，所以存阳明之真。其前十卷中之康斋、一斋与白沙，可谓为阳明之先河。总之支配有明一代之思想者，阳明一人而已。然其学说既风行浙中、江右、楚中、北方、粤闽、泰州，而门户之纷歧杂出，亦类于先秦时代之"儒分为八"。试举龙溪之方以证之。

> 良知宗说，同门虽不敢有违，然未免各以性之所近，拟议挽和：第一有谓良知非觉然，须本于归寂而始得，如镜之照物，明体寂然，而妍媸自辨，滞于照，则明反眩矣。第二有谓良知无见成，由于修证而始全，如金之在矿，非火齐锻炼，则金不可得而成也。第三有谓良知从已发立教，非未发无知之本旨。第四有谓良知本来无欲，直心以动，无不是道，不待复加销欲之功。第五有谓学有主宰有流行，主宰所以立性，流行所以立命，而以良知分体用。第六有谓学贵循序，求之有本末，得之无内外，而以致知别始终。此皆论学异同之见，不容以不辨者也。

龙溪更自述其主张曰：

> 寂者心之本体，寂以照为用，守其空知而遗照，是乖其用也。……若谓良知由修而后全，挠其体也。良知原是未发之中，无知而无不知，若良知之前，复求未发，即为沉空之见矣。……主宰即流行之体，流行即主宰之用，体用一原，不可得而分，分则离矣。

倘如龙溪此段文字，派别虽多，尚无背于阳明与儒家宗旨，然其逾规越矩之程度，岂止此而已哉。阳明门下，其最误入歧途者，无过于龙溪与泰州之王心斋。略举二王学说之概要，然后知晚明学风之所由以造成。

（甲）王龙溪学说

王龙溪全集，第一篇文字为《天泉证道纪》，以明其自身学说之导源于文成。黄梨洲尝评之曰：

> 既无善恶，又何有心意知物，终必进之无心无意无知无物而后已，如此则致良知三字，着在何处？先生独悟其所谓无者以为教外之别传（禅宗术语），而实亦并无是无。有无不立，善恶双泯，任一点虚灵知觉之气，纵横自在，头头明显，不离着于一处，几何而不蹈佛氏之坑堑哉。

此评语将龙溪立场，为之道破，使其无复逃遁之所。然细读龙溪集者，随在可发见其学说之出于释道，但借良知二字为点缀门面，何尝遵守阳明之教者？

龙溪于重刻阳明文录有后语一篇，其言曰：

道必待言而传。夫子尝以无言为警矣。言者所由以入于道之筌，凡待言而传者，皆下学也。……若夫玩而忘之，从容默识，无所待而自中乎道，斯则无言之旨，上达之机。

此所云云，何以异于佛家离言语名相分别之主张，更与圣智自证之言何以异乎？或者曰：以上比较之语，由于吾人之推定，而不足为龙溪信佛之凭证。然龙溪集中《三教堂记》，不二斋说，混同儒释道三家之言，可谓满纸皆是矣。

三教之说，其来尚矣。老氏曰虚，圣人之学亦曰虚，佛氏曰寂，圣人之学亦曰寂。孰从而辨之？世之儒者不揣其本，类以二氏为异端，亦未为通论也。

龙溪氏在此前提之下，为老氏辩护曰：

老氏见周末文胜，思反其来，以礼为忠信之薄，亦孔子从先进之意。孔子且适周而问之……未尝以为异也。

其为释氏辩护之词曰：

> 佛氏始入中国，主持世教，思易五浊而还之淳，圆修
> 三德六度万行，摄归一念，空性常显，一切圣凡差别特其
> 权乘耳。洎其末也，尽欲弃去礼法，荡然沦于虚无寂灭，
> 谓之沉空，乃不善学者之过，非其始教然也。

此其所辩，是否正确，在明眼人自能见之。夫儒释二者。
以肯定人生与否定人生为分界。其肯定也，人生伦常关系与
种种分相，自不能不加以分辨，其否定也，自然以离名相离分
别为究竟。吾人以今日眼光观之，其界线简单明了如此，决非
善学或不善学含糊之词所能混淆也。

其答王敬所之函曰：

> 见教不肖八十岁余，今日不了，何时了，望我诚至，爱
> 我诚至，敢不拜教。古云：了尚不可得，岂有能了之人，撒
> 手同行，披襟一笑，直出天地之外，登须弥山顶，以望世
> 间，此世出世法，无足而至，无翼而飞，诚非拿云制雷手，
> 不足以了此一着。期与兄终勉之耳。

函中更举古偈一首：

> 彩云堆里仙人见，手把红罗扇遮面，急须着眼看仙

人,莫认仙人手中扇。

王氏心中所想望者,乃云堆里之仙人,尚何待其他解释辩白之词哉。

《明儒学案》中龙溪传曰:"先生林下四十余年,无日不讲学,自两都及吴、楚、闽、越、江浙皆有讲舍,莫不以先生为宗盟,年八十犹周流不倦。"因是之故,与江右派相与辩论,与南中之唐荆川徐存斋通尺素,而泰州派之罗近溪耿天台向之请益,因其周游之广,乃生龙溪派与泰州派之交流,更产生李卓吾之怪物。此中关系,俟下文泰州学派中详之。

(乙) 泰州学派

泰州派创自王心斋,早已自成一派,名曰"淮南格物"说,虽受业阳明门下,然犹是本来面目也。其格物说之大要曰:

> 格如格式之格,即絜矩之谓,吾身是个矩,天下国家是个方,絜矩则知方之不正,由矩之不正也。是以只有正矩,却不在方上求,矩正则方正矣,方正则成格矣。

心斋好异言异服,尝效孔子之周游列国,乃自创蒲轮,招摇都市,其车轮与冠服之式,在心斋集中犹可考见。心斋尝言:"伊傅之事吾不能,伊傅之学我不由,伊傅得君可谓奇遇,如其不遇,终身独善而已,孔子则不然。"其意曰虽不得君,犹可以讲学兼善天下也。

心斋之学,既与宋儒之主静主敬异,亦与阳明所谓"知之真切笃实处即是行,行之明觉精察处即是知"者相去万里。录其有关于下手方法之言如下:

> 一友持功太严,先生觉之曰,是学为子累矣,因指斲木者示之曰,彼却不曾用功,然亦何尝废学。
>
> 天理者天然自有之理也,才欲安排,便是人欲。
>
> 学者问放心难求,先生呼之即应,先生曰,尔心现在,更何求乎。学者初见,先生常指之曰,尔此时何等戒惧,私欲从何处入,常常如此,便是允执厥中。
>
> 问庄敬持养工夫,曰道一而已矣,中也良知也性也一也。识得此理,则现现成成,自自在在,即此不失,便是庄敬,即此常存,便是持养,真不须防检。不识此理,庄敬便是着意,才着意便是私心。

《乐学歌》一首,最能表见心斋学派面目。歌词如下:

> 人心本自乐,自将私欲缚。
>
> 私欲一萌时,良知还自觉。
>
> 一觉便消除,人心依旧乐。
>
> 乐是乐此学,学是学此乐;
>
> 不乐不是学,不学不是乐。

乐便然后学，学便然后乐。

乐是学，学是乐。

呜呼！

天下之乐何如此学，天下之学何如此乐。

　　心斋学派之传授，姑略之。但列下图，以见两派交流之经过。

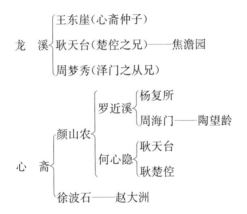

　　梨洲评泰州派曰："龙溪之后，力量无过于龙溪者，又得江右为之救正，故不至十分决裂，泰州之后，其人多能以赤手搏龙蛇，传至颜山农何心隐一派，遂非名教之所能羁络矣。"此派人之逾越常轨，可以下列之言行证之。颜山农尝讲学于僧寺，榜曰"急救心火"，罗近溪偶遇其地，初以为名医，及入而访之，乃知山农榜此四字，为号召之术。赵大洲答友人之言曰："仆之为禅，自弱冠以来，敢欺人哉。"周海门与许孚远辩论之言曰："不知恶既无，而善不必再立，头上难以安头，故一物难加者本来之体,而两头不立者,妙密之言。"梨洲直指此派之病根,在挟其祖师禅以为解决人生问题之妙用,乃一语破的之言也。

及乎李卓吾之身,可谓合龙溪心斋于一炉而冶之。李氏序龙溪书,称之曰:"前无古人,后无来者。"其于泰州派既与耿天台为友,受心斋"自然"说之影响最大。其人性好立异,不受前人拘束,以文言文,自不失为独创一格之人,然与之语夫"世道人心","风俗隆污"则充耳不闻而已。李氏人生观,类于现代萧伯纳之一切以嬉笑怒骂出之。故其言曰:

> 世间戏场耳,戏文演得好和歹,一时终散,何必太认真乎。(《与焦弱侯书》)

其人甚聪明,文章不袭前人,故持论好立异。其评孔子与经籍之语曰:

> 夫天生一人,自有一人之用,不待取给于孔子而后足也。若必待取给于孔子,则千古无孔子,终不得为人乎?
>
> 夫六经、语、孟,非其史官过为襃崇之词,则其臣子极为叹美之语,又不然,则其迂阔门徒,懵懂弟子,记忆师说,有头无尾,得后遗前,随其所见,笔之于书,后学不察,便以为出自圣人之口也。

其所言在今日言论自由时代读之,视为萧伯纳之剧本,相与一笑置之而已。然在明末闭关时代,李氏之"有官弃官,有家弃家,有发弃发"(李氏落发为僧,此十二字为马经纶为李氏辩护之词),大遭天下之谤议。故顾亭林《日知录》引《神宗实录》中张问达《劾李贽疏》中之语曰:

> 李贽壮岁为官,晚年削发,近又刻《藏书》《焚书》《卓吾大德》等书,流行海内,惑乱人心,以吕不韦,李园为智谋,以李斯为才力,以冯道为吏隐,以卓文君为善择佳偶,以秦始皇为千古一帝,以孔子之是非为不足据,狂诞悖戾,不可不毁。尤可恨者,寄居麻城,肆行不简,与无良辈游,庵院挟妓女,白昼同浴,勾引士人妻女……一境如狂。
>
> ……将李贽解发原籍治罪……将贽刊行诸书,尽行烧毁。

张氏参劾文中之语,不尽可信,有马经纶之辩正可以为证。然卓吾卒遭逮捕,引刀自刎而死。

由上文王学之末流观之,顾亭林氏之所以深恶痛绝者,实"颜山农、何心隐、邓豁渠、李卓吾之灭裂放肆"(彭躬庵语)有以致之也。顾氏目击有明之亡,思求其所以致此之故,当时至有力之学派为阳明派,乃追溯李卓吾猖狂之罪,归之于阳明,亦犹现代学者将德国之纳粹主义归罪于菲希德①氏,将欧人

---

① 菲希德:今译费希特(Johann Gottlieb Fichte,1762—1814),德国作家、哲学家。

之好战,归罪于达尔文氏。语曰毫厘之差,千里之谬,古今主持风气之人,因一言一动之不谨,而陷国家于浩劫者,又宁止此一端而已哉?

篇三　考证学或经学能取理学或
哲学之地位而代之乎

自顾亭林有理学即经学之言,在考证学发达之清代,混语言学(Philology)与理学为一矣。顾氏为创始此说之人。其言曰:

> 愚独以为理学之名,自宋人始有之。古之所谓理学,经学也,非数十年不能通也。故曰君子之于春秋,没身而已矣。今之所谓理学,禅学也。不取之五经,而但资之语录,较诸帖括之文而尤易也。

汉代以后之所谓经学,等于现代之原本或文字考证学(Text Criticism),与孔孟时代以理义为主之学,本已绝不相类。犹之苏格拉底在其生时有与门人问答之语,一一见之于柏拉图语录之中,文艺复兴以后有专以考订柏氏著作之真伪为事者。今指此考订之工,谓为不异于苏氏之问答,其可通乎?自顾氏创为此言,于清代而考证之学,成为一种主流,迄于戴震,而顾氏之言,殆成定论。戴氏曰:

呜呼！经之至者,道也。所以明道者,其词也。所以成词者,未有能外小学文字者也。由文字以通乎语言,由语言以通乎古圣贤之心志,譬之适堂坛之必循其阶,而不可以躐等。

夫理学、哲学或明道之书,赖语言文字以为表达之具,治理学或哲学者,自不能不先通晓文字之意义,为尽人所共见。然所谓通晓,有了解语言之通晓,有治小学专家之通晓,此两者实不容混而同之。如戴震之言,将流为不先治语言文字学者不能治哲学,其说果可通乎?清代考证学风盛行,视小学为治经学之必经阶段,乃有戴氏之言,原不足怪。不料时至二十世纪,各学科之性质既已大明,而胡适傅斯年辈犹遵戴氏之涂辙,以治哲学。此我所大惑不解者也。

胡适氏于其《戴东原的哲学》中有一段结论:

戴震在中国哲学史上虽有革命的大功和建设的成绩,不幸他的哲学只落得及身而绝,不曾有继续发达的机会。现在事过境迁,当日汉宋学争门户的意气早衰歇了,程朱的权威已减削多了,"汉学"的得失也更明显了,清代思想演变的大势也渐渐清楚了——我们生在这个时代,对于戴学应取什么态度呢?戴学在今日能不能引起我们中兴哲学的兴趣呢?戴学能不能供给我们一个建立中国未来的哲学的基础呢?

　　此为爱好哲学者心中所同感之问题。胡氏称戴氏哲学为一种唯物论(原文见胡氏书第31页)，是否正确，大有研究余地，在我观之，不如称之为自然主义，较为适合。胡氏既著此书，自然希望戴学复活于今日，然我不知胡氏所以提倡者究为何种目的。若以戴氏为唯物论而提倡之也，此为哲学主张问题，无论在今日或异日，哲学史上自有戴氏地位。倘如戴氏之意，必先治文字语言，然后方能入哲学之堂奥，则戴氏由文字以通乎道之指示，乃一条不通之死路。此我可毫不踌躇以答胡氏者也。

　　傅氏著《性命古训辨证》，略后于胡氏戴东原的哲学数年之久。其引语曰：

　　　　《性命古训》一书，仪征阮元之所作也。阮氏别有《论语论仁》《孟子论仁》诸篇，又有论性、命、仁、智诸文，均载《揅经室集》中，要以《性命古训》一书最关重要，此中包有彼为儒家道德论探其原始之见解，又有最能表见彼治此问题之方法。故其书实为戴震《原善》《孟子字义疏证》之后劲，足以表显清代所谓汉学家及宋明理学之立场者也。……阮氏聚积诗书论语孟子中之论性命字，以训诂方法定其字义，而后就其字义疏为理论，以张汉学家之立场，以摇程朱之权威。夫阮氏之结论固多不能成立，然其方法则足为后人治思想史者所仪型。其方法为何，即以语言学的观点，解决思想史中之问题是也。

傅氏著《辨证》一书之目的，大略如是。

傅氏寻性命诸字之源流于甲骨金石文中，用力不可谓不勤。然谓思想史中各种概念之名词，因此而得解决，我未之敢信。傅氏加于阮氏之评语曰结论固多不成立。此言也我可移之以赠傅氏者也。

一字或一名词，推之于其造字用字之初，原无不可。此在西方名之曰字义源流学（Etymology），然一字一名词之本义，即求之于造字之初，而得其正解，然与思想史中之概念无涉焉。何也，一字一名词在造字之初，乃一指具体事物 之符号而已。及其采入于思想史或哲学中，则成为概念（Concept）。在某一哲学家言中，或曰某一哲学体系中，占有一特殊意义之位置，加上其时代中或其与他人相对照而生之彩色。此所谓概念，虽有其成为文字之原义，然概念与造字原义，彼此之间，犹之天南地北之各不相涉矣。

试将以下各字各名词，一方举其说文中之原意，他方举其在哲学中成为概念之意义互相对照，然后知说文造字之原意与哲学中之意义，两不相涉，更进而言之，亦可见经学与理学之渺不相涉。居今日而信顾氏经学即理学（或哲学）之言，正如所谓盲人骑瞎马、夜半临深池之境界矣。

第一，道：《说文》从辵从首，所行道也，一达谓之道。此道字在《说文》中之解释如是。

其在哲学体系中，老子有"道可道非常道"之言。儒家有"率性之谓道"，有"道不可须臾离也，可离非道也"之语。其在老子,指其超乎语言之所能形容者名之曰道。其在儒家称愚夫愚妇可与知与能者名之曰道。试问此哲学体系之所谓道,如何与道字之原义,可以连贯而为一乎?

第二,理:《说文》治玉也,战国策郑人谓玉之未理者为璞,是理为剖析也。

戴氏释之曰:"理者察之而几微,必区以别之名也。是故谓之分理,在物之质曰肌理曰腠理曰文理,得其分则有条而不紊,谓之条理。"其在某家哲学体系中,明道云天理二字乃我自家体贴得来,又曰天地万物之理无独有对,皆自然而然。晦庵曰太极只是一个理字,曰性即理,再则如阳明曰心即理,或曰心外无理。此一理字,必求之于哲学体系中而后可得其意义,何能以肌理以腠理代之,而作为的解乎? 倘如戴氏意以为理如肉之腠理石之纹理,属于外在,为人所共见。而在象山阳明以为理在内,唯有自己知是知非之心乃能知之。此为哲学上之主张问题,不能以其不得于制字之原意而非之。

第三,物:《说文》曰牛为大物,天地之数起于牵牛,故从牛勿声。

然思想之功能,愈进步则愈趋于抽象,因而名词之义,原初为具体者,其后亦趋于抽象。今日物字之义,不独与牵牛无关,即在"天地人物"四字中之物字,其意义亦不限于走动之物与木石之蠢然者而已。若进而求之《中庸》中"诚者物之终始,不诚无物,是故君子诚之为贵。诚者非自成己而已焉,所以成物也。成己,仁也,成物,知也"云云,此一物字,乃包括宇宙中之一切事物,不但死物活物咸概于其中,即我以外之他人,人之精神现象亦含于其中,故曰诚者物之终始也。此物字之含义包含如是其广,与其所以造字之初,去题万里遥矣。

第四,心:《说文》土藏在身之中。又曰心者人之本也,身之中也,与人俱生,故文象人心之正中也。

《说文》解释心字,甲曰属土,乙曰属火。此为汉儒思想中阴阳五行学说之背景,谓造字之原意如是,真诞说矣。至于心字在哲学体系中之意义,当求之于《孟子》之书。其言曰:"心之官则思,思则得之,不思则不得也。""至于心独无所同然乎,心之所同然者何也,谓理也义也,圣人先得我心之所同然耳。"孟子指心之所同然曰理曰义。以现代哲学名词言之,曰范畴曰规范。其有志于道或哲学者,必须体会至此,然后能达乎问题之中心,否则虽考索数千年中"性""心"之字义,其于性心问题之解决无与焉。

第五,性:《说文》云人心阳气,性善者也。

此所谓阳气,与情之属于阴气者相对待,所谓性善,取孟子之以哲学方法释性之语,以代造字之原意,是以哲学意义,还以释原意,与傅氏所谓语言学之方法,正相反矣。

性之一名词,在吾国思想史中几为中心问题。在战国时有孟子性善荀子性恶之辩,至佛学时代有性宗空宗之争,至禅宗更有"见性成佛"之言。宋儒张载创为本然之性与气质之性之说,朱子认为张氏此言可以作为性论争辩之定论。此性字在思想史中之意义,有关于宇宙实在,有关于人性,有关于所以为物之性,其义殆难悉数。傅氏书中认为《孟子》《荀子》与《吕氏春秋》原本中性字原为生字。其书中(上卷第 41 页)更有分别生性二字乃秦以后事之语。生字先有,性字孳生,此亦语言发展上应有之顺序。然原为生字之语,与哲学中性善性恶或性空性实之争初无关系。何也,此乃思想史中之思想内容问题。即令性字造成时代,与生字各自独立时代,自有先后之不同,然谓以生代性,便可取消性善性恶性空性实等等思想史上之争执,此必不可得之事也。

第六,义:《说文》己之威仪也。

此种解释,在原意是否如此,大可怀疑。其后义字入于孔孟哲学系统中,乃有见义不为无勇也,与舍生而取义之义,是义字极富于规范的意义,初不限于一己之威仪矣。

第七,诚:《说文》信也从言成声。

第八,善:《说文》善者吉也,善也,缮也,物之已缮治者也。

此类解释,是否合于原初之义,亦令人怀疑。尤令人瞠目失色者,莫过于一字下之注解,曰唯初太极,道立于一,造分天地,化为万物。是直以哲学上玄妙之太极观念,回顾去解释至简易之一字。其释天字曰颠也,至高无上,从一大。其释王字曰天下所归往也,董仲舒曰古之造文者三画而连其中谓之王,三者天地人也,而参通之者王也云云。此亦非字义而成为哲学议论矣。

由以上所举者证之,考订文字之原意是否有补于思想史中概念问题之解决,显然可见。即置许氏《说文》而不用,而另以戴氏等更翔实之解释以代之,其为无补于事一也。哲学是哲学,文字学是文字学,傅氏自文字源流以求思想史中问题之解决,原不失为方法之一种,然如戴氏之所期望,由字以通乎词,由词以通乎道,正可谓南辕而北辙矣。

上文就各字在《说文》中之原义与思想史中之概念二者之关系言之,若就完整之一书如戴氏《孟子字义疏证》言之,更可以见就字义之疏通证明,以通乎宇宙整体之大道,亦为一条不通之路而已。何也,就戴氏书之形式言之,曰理字十五条,曰天四条,曰性九条(以上上卷),曰才三条,曰道四条,曰仁义礼智二条,曰诚二条,曰权三条。似为由每一字之疏通,以达乎孟子之道之全体矣。然吾人细读全书,知戴氏胸中原有一套哲学体系,此体系先确定,而后乃就每一字作一解释,每字之解释,即为体系中之重要概念,此各概念合之于其体系,而成为戴氏之哲学。此点傅氏斯年亦已见及,故评之曰:"虽曰疏证《孟子》之字义,固仅发挥自己之哲学耳。"傅氏既知沿字义方法之不可用,然仍遵戴氏阮氏之轨,以达乎思想史中问题之解决。岂非明知其为死路,姑一试以求其通乎?

胡氏治哲学有年,岂有不知文字语言学与哲学各为一学而两不相关之理。然胡氏念念不忘考证学,傅氏继之,循其法而不变。然则关于哲学之性质如何,哲学与经学之异同如何,虽为至浅显之事,而不能不旧事重提矣。

哲学之所以为学,希腊人名之曰爱智,现代人名之曰学问之学问,要之不外乎宇宙各部现象之综合的会通的体系而已。

各种现象有动、植、矿、物理、化学、生物、心理等等之分科,立乎其上,将各分科之学之原理,综合之而统一之,以成为一种宇宙观或人生观,此之谓哲学。其中 1.实在论(The Real)内含有学(Ontology)或形上学;2.理念论(The Ideal)内含伦理、美学等;3.超于实在论与理念论以上之绝对体论。再以图表明之。

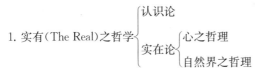

1. 实有(The Real)之哲学
　　　认识论
　　　实在论
　　　　　心之哲理
　　　　　自然界之哲理

2. 理念(The Ideal)之哲学
　　　行为(伦理)
　　　美学

　　3. 绝对体(The Absolute)超于实有与理念之上。是为最终实在(Ultimate Reality)。

　　图表中各节目之详细说明,不在本文范围之内,置之不论。

　　我以为宋明理学,可以与西方哲学并驾齐驱者,以其所研究之问题,与西方实无二致故也。

　　1. 太极或曰道——同于西方之绝对体。

　　2. 理之实(程朱曰天下无实于理者)或理在内与理在外之争——同于西方之实在论与认识论。

　　3. 诚正修齐之学——同于西方之理念论。

　　东方曰理学,西方曰哲学,其所研究之问题。不谋而合,如是。我所以于前文二者之间,为之画一等号矣。

然哲学或理学所以与汉代以后经学家或考证学之工作绝不相同之故,尚未之及焉。理学或哲学家之立言,必先有一中心观念,由此观念出发,以之衡量心界与物界,人生行为与有神与无神,亦由之以求解决。譬之以康德氏言之,既以超验主义为中心,自然视思想范畴为重要成分,而外界经验则与之相辅而行,其在理念方面,则重道德与审美。反之如洛克氏以感觉为中心,不认天生观念(Innate Ideas)之存在,因而其所谓知识之源,在乎感觉,而与康德之重视思想范畴者异趣。洛克氏既不认良心上是非之标准,故其伦理学置之于功利基础之上。此两家之言,可以见中心思想影响于全部体系者何如。岂唯康氏洛克氏如是,即求之于吾国之朱王,正复相同。朱子对于理气二者,认为理在气中,或曰道不离气气不离道。其门生再三质问理气之先后。朱子答之曰,推上去时,理在气先。此犹言在现象界中应视理气同时并存,若追问宇宙之源始,则理在气先。朱氏之态度如此,乃于周敦颐之太极图,为之辩护,以理在气先故也。然对宇宙万殊之现象,以为应一一体察研究,以气质之不同乃万物之所以为万殊也。《大学》补传中所谓众物之表里精粗无不到,而吾心之全体大用无不明矣,此谓物格,此谓知之至也云云,即朱氏之中心观念也。至于王氏以心即理为出发点,王氏以为辨道德是非之知与辨黑白之知,无一不经过觉知之对象一阶段,故理之是非物之彼此,无不可由"知"以求解决,唯其重知,故以为外物之考察,应通过"知"以行之,乃对于格物之工,自不若朱子之认为重要矣。以上以四家为例，说明中心概念之重要。则哲学之所以为哲学者于是乎在。

吾人乃可进而论哲学与经学之异同。哲学以思想体系为主，汉代以后经学以考订一书之真伪或一字之形与义为事。其不同者一。哲学家之所论，心也物也知识也道德也实在也绝对体也，无一事非概念非共相。经学家所论者为一书一字一名物，无一事非专指具体之事物。至若阮元之论仁论性命，本不属于汉学范围之内，乃披上汉学家之外衣，以讨论理学家之问题。其不同者二。哲学家既讨论实在与外界存在问题，自不能不挟持一种标准以为衡量之准则，所以侧重于知于理，犹汉学家所谓佐证也。经学家考订一书之真伪一字之意义，彼此两相比较，可在其佐证中求得正解。至于理学非以知以理为标准，实无下手之处。戴东原深斥宋儒之言理，可谓不了解理学之重心所在。至于理之是否成为意见成为杀人之具，此在思想界变动之气候中，自有调节之法，未闻欧洲人因有理性主义之故而加重杀人之惨祸也。其不同者三。以上三端，所以明经学与理学之所以异，其在清代中叶，容或尚有混同此二者之可能，以云二十世纪之今日，胡氏在其所著《戴东原的哲学》中，尚举阮元凌廷堪等驳斥宋儒之言为得意，胡氏以为汉学家之言可以打倒宋儒。自外形观之，其所用方法为文字考证，实乃对于宋明理学之玄学态度或严格唯理主义之反动而已。依吾人观之，反不如剥去汉学家之外衣，另标一种新主义以折服宋儒之为直截痛快也。戴氏深恶理字，而返于"血气心知"四字,岂不与洛克之感觉主义功利主义相去不远矣乎?

吾人可以下结论为本篇之结束:

第一,理学或哲学为思想体系之结晶,唯有加强思想或内心生活,乃能造成思想体系。未有内心不思索而能有所谓体系者。

第二,哲学应与文字语言学绝缘。在文字考订中讨生活,等于昔日欧洲在亚里士多德的书本中讨生活。培根氏注重自然界之观察实验,洛克氏厌恶空文字(Empty Verbiage)而重外界经验,正与培根氏同。此乃真正之实事求是,不可将此四字限之于书本文字考订之中。胡氏为提倡科学方法之人,与其重视文字考证,不如步洛克氏后提倡感觉主义或自然主义之为得。

第三,今日应承认西方学术分科方法为研究之资,语言学是语言学,哲学是哲学。如何拖泥带水,将哲学上之题材,与两千年前之语言学混而同之。

第四,宋明理学与西洋哲学,名异而实同,可以连贯为一。西方不因近代科学发达而鄙弃希腊哲学,理学之旧基础,可以助成哲学或科学之发荣滋长。

抑更有进者。盛衰兴亡之大关键,决之于人心之趋向。曾文正所以特重义理之学者为此也。学问之发达与否,政治风气之高尚与卑污与夫国家之治乱,无一不决于人心风俗之厚薄纯驳。顾亭林有一段两汉迄魏晋之风俗论,为我平生爱读之文。兹录其中之一段如下:

孟德既有冀州，崇奖跅弛之士，观其下堂再三，至于求负污辱之名见笑之行不仁不孝而有治国用兵之术者，于是权诈迭进，奸逆萌生，故董昭太和之疏，已谓当今年少不复以学问为本，更以交游为业，国士不以孝悌清修为首，而以趋势求利为先，至正始之际而一二浮诞之徒，骋其智识，蔑周孔之书，习老庄之教，风俗又为之一变。

董昭太和所以评批魏代者曰不以学问为本，专以交游为业，不以孝悌清修为首，乃以趋势求利为先，何其类于为今日之世风言之耶。

顾氏又论宋代风俗之由来曰：

真仁之世，田锡王禹偁范仲淹欧阳修唐介诸贤以直言谠论倡于朝，于是中外荐绅知以名节为高，廉耻相尚，尽去五季之陋，故靖康之变，志士投袂，起而勤王，临难不屈，所在有之。

顾氏断之曰观哀平之可以变而为东京，五代之可以变而为宋，则知天下无不可变之风俗。倘国人询我以今日所以移风易俗之法，我唯有答之曰：致知格物之理学而已，求真善美之哲学而已。

卷　下

篇四　日本阳明学之兴起

（甲）自初期至德川儒学全盛时期以前之中日文化关系

昔年甲午战后日本人士谋所以转移中日国交而期其有和好之一日者，以中日间同文同种之说强聒不舍于吾人耳鼓中。时则国人一意于内政改革，不暇外图，乃于同文同种之说，视之为日人外交手腕。梁任公章太炎留寓东京十余年之久，其全集中欲求一篇关于中日在历史上文化关系之文字，竟不可得。吾国人对于此问题之淡漠，即此可以想见。然中日韩三国同处东亚，日韩两国在其与西方交通以前所谓著作，均以汉文写之，散文韵文，无一不具，其国内流传之哲理或儒或佛或道，无一不来自吾国。所谓同文关系之深且厚，较之今日西欧与希腊尚远过之。彼欧西且不能忘情于柏拉图与亚里士多德，奈何吾国儒家学说传诸日本后，其传授经过与效果如何，岂吾国人所当视为漠不关心者乎？吾留心于此问题者有日矣。姑以阳明学之移植日本与其所以振兴日本者为之发端可乎？

本文所欲论者为日本之阳明学。然在阳明学流入日本之前，有一大段孔孟之学程朱之学之一千六百年之历史。故先就汉文与儒教佛教输入日本之经过,概括言之。

第一,儒教传至日本至平安朝(公元 782—1068 年)之汉文学隆盛时期。

第二,自镰仓时代(公元 1185—1392 年)至德川时代(宋学输入时代)。

第三,德川氏(公元 1615—1867 年)儒学全盛时代。

儒教之传至日本,以中日两国间海洋之隔,其航行之艰险,即在唐代,十船之中,或沉其五,故初期文化关系,假途于朝鲜,乃远日本。日人伊地知委安所著《汉学纪源》之言曰:

> 海西书籍之入国朝,盖首应乎皇后新征新罗所收还本也。然国人未读之者,故诏责首王征有识者。(依原文录出)

及十五代应神天皇(公元 200—310 年)逢朝鲜之百济王遣阿直歧贡马于日,阿直歧识汉字,乃令太子菟道稚郎子奉之为师。其后王仁氏由朝鲜至日,献《论语》十卷《千字文》一卷。是为传授汉学之第一人。及敏达天皇(公元 572—585 年)即位,高丽有入贡表文(汉文),竟无能读之者。赖有与王仁同来之辰孙王之玄孙船晨尔之传译,乃得通其文义。此则草创时期之概况也。

圣德太子(公元 621 年卒)颁所谓宪法十七条,除第二条之笃敬三宝之外,无一条非儒家之义,其中悉为处世治人之道,今日正为国人所厌恶者,然吾邻国固用之而发生效力矣。

一曰以和为贵，无忤为宗。

二曰笃敬三宝。

三曰承诏必谨。

四曰群卿百僚以礼为本。

五曰绝飨弃欲，明辨是非。

六曰惩恶劝善，古之良典，是以无匿人之善。

七曰人各有任，掌宣不滥。

八曰群卿百僚，早朝晏退。

九曰信是善本，每事有信。

十曰绝念弃瞋，不怒人违。

十一曰明察功过，赏罚必当。

十二曰国司国造，勿敛百姓。

十三曰诸任官者，同知职掌。

十四曰群臣百僚，无有嫉妒。

十五曰背私向公，是臣之道。

十六曰使民以时，古之良典。

十七曰事不可独断，必与众宜论。

　　自圣德太子后，中日文化关系，不假手于三韩，而成为两国之直接交涉。及四十二代之文武天皇，乃发布大宝令，确立教育制度。京师设大学，地方设国学，学科分三，曰经学、曰书学、曰算学，教科书为《周易》《尚书》《周礼》《仪礼》《礼记》《毛诗》《春秋左氏传》《孝经》《论语》。注释之书为以下各种：

（一）《周易》——郑玄、王弼注。

（二）《尚书》——孔安国、郑玄注。

（三）《三礼》《毛诗》——郑玄注。

（四）《左传》——服虔、杜预注。

（五）《孝经》——孔安国、郑玄注。

（六）《论语》——郑玄、何晏注。

读此经籍注疏表，深感日人存古观念远在吾国之上。何也，日人受唐代文化影响最大，然其所采用注释之书，与唐代之易主王注，书主孔传，左氏主杜解，郑注易书，服注左氏皆置不取者，乃能自有所去取，非专以步趋唐人之后为事也。

兹再举其遣唐使节表，以见两国往来之频繁：

天皇之名	西 历	隋 唐	使 节 名	
推 古	593—628	大业三年	小野妹子	
推 古	593—628	大业四年	正：小野妹子	副：吉士雄成
舒 明	629—641	贞观四年	犬上御田锹	
孝 德	646—654	永徽四年	吉士长丹	
孝 德	646—654	永徽五年	高向玄理	
齐 明	655—661	显庆四年	正：坂合部石布	副：津守吉祥
天 智	662—671	总章二年	河内直鲸	
文 武	697	唐中宗	粟田真人	
元 正	715—748	唐玄宗	多治比县守	
圣 武	723—748	唐玄宗	多治比广成	
孝 谦	749	唐玄宗	正：藤原清河	副：犬友古磨
光 仁	770—781	大历十二年	小野石根	
光 仁	770—781		大伴继人	
桓 武	782—805	贞元廿年	藤原葛野麿	
仁 明	834—850	开成三年	正：藤原常嗣	副：小野篁
文 德	851—858	大中七年	不详	
宇 多	885—887	乾宁元年	菅原道真	

更举佛教各派传至日本之年代表如下：

宗　派	年　代	开　　祖
三论宗	推古天皇(593—628)	高丽僧惠观
法相宗	孝德天皇(645—654)	道昭传来
华严宗	圣武天皇(724—749)	唐僧道璿
律　宗	孝谦天皇(749—758)	唐僧鉴真
成实宗	推古天皇(593—628)	与三论宗同来
俱舍宗		与法相宗同来
天台宗	桓武天皇(781—806)	最　澄
真言宗	平城天皇(806—809)	日僧空海
净　宗	高仓天皇(1168—1180)	日僧源空
真　宗	高仓天皇(1168—1180)	日僧亲鸾
法华宗	后深草天皇(1247—1259)	日僧日莲
时　宗	后宇多天皇(1274—1287)	日僧一遍
曹洞宗	后堀河天皇(1221—1234)	道元传来
临济宗	后鸟羽天皇(1183—1198)	荣西传来

上表中三论宗之传日，为隋高祖开皇时代，曹洞宗与临济宗之传日，为南宋后半期孝宗理宗宁宗时代。其间往还不断者约七八百年。唯在吾国治安时期，日本使节常多，反之，内乱之日，日本使节竟至绝迹。良以治世时政绩学术可以为人师法，乱世时邻国望望然去之矣。

以上图表之中，中日文化关系在初期，平安时代、镰仓时代，于简单表册之中，可以窥见一斑。然尚有当补述之者，为第二期中之所谓宋学输入。日本初期之宋学，由其留学于吾国之僧侣所传入，若俊芿乃求律宗求天台而来，曾访杨慈湖，且乞杨氏赠言以为纪念，其原文见于杨氏文集之中。留宋十有三年，其归国也，携儒家之书二百五十六卷，杂书四百六十三卷。返日后专以讲授四书为事。宁一山本姓胡氏，于儒佛文学无不通晓,除讲禅学外,尤注重程朱之书。其他若虎关禅师,当留学于明五、六年之久,且游于苏杭,长于诗文。凡此等等,日人佐藤一斋名之曰身披禅衣,心服阙里之人也。简言之,宋学之入于日本,实京都镰仓五山僧人,治佛学之外,传授宋学之结果也。

自德川时代藤原惺窝氏(公元 1561—1619 年),以僧侣之身,忽而还俗,于是儒者始离佛教而独立。此在日人视之,几为一种革命行为。自是以后,儒教中之朱子派、阳明派、折衷派与夫以日本为本位之神道派武士道派勃兴于国中,此则日本百家争鸣之时期也。

录日本朱子学、阳明学之传授表如下:

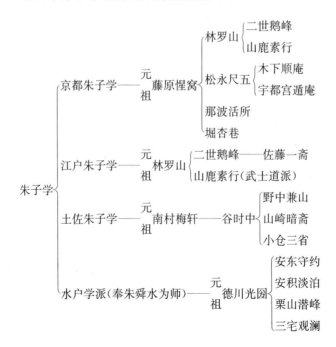

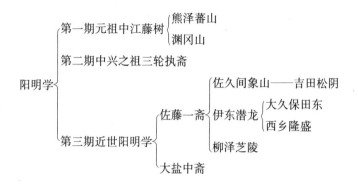

（乙）日本阳明学之兴起

日本阳明学之兴起，乃朱子学派昌明时期中之一部分现象。藤原惺窝没于日本元和五年，西纪为 1619 年，而中江藤树之提倡阳明学为日本正保元年，西纪为 1644 年。其间相距仅为八年之久，虽谓朱王两派为日本同时并起之学可也。然朱学所以流传久远，绵延不绝，而王学则时续时断者，井上哲次郎释之曰，朱学为德川时代官府之教育主义，王学则官府视为叛徒，加之以压迫，仅在民间传布。此德川时代两派运命之所以异也。井上哲次郎更论两派之异同。甲曰一为尊德性，一为道问学。乙曰一为理气二元论，一为理一元论或理气合一论。丙曰朱子主张心有理气两面，阳明以为心明则理自明，故有心即理之言。丁曰朱子以为为明理计，不能不博闻广见，阳明以为真正之知存于吾心，不须外求。戊曰朱子先知后行，阳明反之，有知行合一之说。井上哲次郎以为两派各有短长，不易定其得失。然以为朱派中多博学多闻之士，然不免于固守迂腐之病。王学有偏于主观之弊，然使学者单刀直入，得达于正鹄，自为朱子派之所不及。井上哲次郎之言，在吾国推翻一切传统之今日，可为吾国人士斟酌损益之资。然我以为日本所以提倡阳明学者，自别有故。第一，阳明学简易直截，合于易经所谓乾以易知坤以简能之条件，因而合于日人快刀利刃之性格。第二，阳明学侧重于即知即行，合于日人勇往直前之习惯。第三，日本人注重事功，将阳明学应用于人间社会，发生大效果。况乎日人不长于理论之精细分析，故对于朱子之理气二元与王子之理气合一，不作抉择可否之表示，唯其在迎王之中，不作排朱之论，而成为日本之折衷主义（Eclecticism）。此殆由于日本兼收并蓄之精神之所致乎？

日本阳明学，中江藤树为提倡之第一人，为日人所共认。然王学之流传于日本，实在藤树之前。有僧人桂悟了庵于明之正德五年（1510）与阳明晤见，是日人之知有阳明，远在十六世纪之初期矣。其大张旗鼓为王氏张目者，实以中江藤树为始。

中江藤树，以庆长三年（1608）生于近江国高岛郡小川村，日人称之为近江圣人。幼时读《大学》中“自天子以至于庶人，壹是皆以修身为本”句，叹曰：“幸哉此经之存，圣人岂不可学而至乎。”初治朱子学，以礼法自持。尝访友人某君，乡人嘲之曰孔子来矣。藤树答曰：“孔子卒已二千余年，汝目我为孔子，岂以其治文学而嘲之乎。学文乃士之常，士而无文，与奴仆无异。”乡人闻之有愧色。其时日人尚武，好谈兵法。有询以防箭法者。藤树曰:"余亦有防箭法,是为直前无避。其中吾身,是为命中之箭,乃千万中有一枝耳。若有避之之心,则非命之箭亦且中于吾身矣。"由其措词之锋利,直刺人心,足以见其为人如秋霜之洁、夏日之烈。年三十三读《龙溪语录》,始与姚江学派接触,然颇以龙溪见解近似禅宗为怪。年三十七,始购得阳明全书而读之。自是舍朱子学而归于阳明。其答池田子之函曰:

> 余信朱子学,用工甚久,但觉无入德之门。幸得阳明全集而熟读之,于是数年之疑惑乃解,而有入德之把柄。

其告门弟子曰:"余信朱子学,命汝辈专以小学为准则,今始知其为拘泥之甚。盖守规矩与求名利,原不可同日而语,然其害真性活泼之体则一。"

藤树读阳明全集后,仅及四年而殁。其临终时语曰:"吾去矣。谁能任斯文者也。"杉浦重刚氏有祭藤树先生之文曰:

> 近江圣人欤?日本圣人欤?东洋圣人欤?抑亦宇内圣人欤?圣人之所以为圣,古今东西,盖一其揆。既为近江圣人,所以为宇内圣人。

中江藤树论为学之方,可以见其受阳明影响之深。其言曰:

学者所以去后来之人欲,存原来之天理。此心达乎天理无人欲之私,即圣人之心。

学问,所以去心之污,而身体力行之。

学,除致良知之外,无他事。

读书即为吾人心性之注解。读注解即所以悟本经。不知有己之良知而专以穷究经书为事,犹之不通本经之文字,而专以注解之训诂为事矣。

其答小川子函中有语曰:

盖经有心、有迹、有训诂,学训诂而讲明其迹者,初学不识文字者之所务也。既晓文字者,则专于经上体察玩索,须求心心融会之妙。

藤树仿朱子白鹿洞规而斟酌修正之,朱子五教之目迄于处事之要,一仍其旧,唯在五教之目以前,加上"大学之道,在明明德,在亲民,在止于至善,畏天命,尊德性"二十二字,虽朱子复起,亦难于斥为不当而非之也。

藤树之宇宙观,井上哲次郎名之曰一元的宇宙观,以三语为之说明,一曰神人合一,二曰物我一体,三曰内外莹彻。

藤树所以解释良知者曰:"良知即天理即明德,自反慎独之际,炳然发露者,一念独知,即良知也。喜怒哀乐未发之'中',亦即良知之异名。"藤树非直接阳明之人,其了解之深如此,可谓难能可贵。

举藤树学说之要点。其门下二人曰渊冈山属于内省派,曰熊泽蕃山属于事功派,其详细暂不缕述。吾人以藤树所言与王氏《传习录》与《明儒学案》相比较,觉吾国王学之末流,误入歧途,至成为狂禅。阳明之真正知己,非龙溪非心斋,尤非周海门与李卓吾,亦非东林学派,其求之海东日本之中江藤树与其继起之人乎。

篇五　日本阳明学之复兴及其赞助
日本开国与维新大业

第一节

自中江藤树既殁,百余年后,日本阳明学复有蓬勃兴起气象。自著作言之,以大盐中斋(又称大盐平八郎)之《古本大学刮目》为精心撰述。此一书在吾国阳明门下浙江派江西派中求之,不易多见。今后中日两国苟有联合阳明学丛书出现,则大盐氏之书应在搜罗采集之列。自门下人才众多言之,则以佐藤一斋为首屈一指。明治维新人物,如西乡隆盛,如吉田松阴,如中江兆民,如岩崎弥大郎,均为佐藤氏之再传弟子。唯其人心向王学,然未尝公然言之。故日人以阴王阳朱称之。日本儒学史中一致承认者,称三轮执斋为阳明学中兴之祖。其《日用心法》《四言教讲义》《拔本塞源论私抄》各书,"心依良知教为依归"。兹按年代先后,述三家学说如下。我所欲为国人告者,日本儒家奉行阳明学说,实在得其真面目,非浙江派泰州派之矫揉造作所能与之比拟也。

(甲)三轮执斋:三轮执斋宽文九年生于京都,年十九学于佐藤直方之门,治朱子之学。年三十三,在友人家得阳明《传习录》读之,乃舍朱而归王。其所事之厩桥侯不以三轮氏之奉王学为然,因辞职家居,专以流传王学为己任,延亨元年卒,年七十又六。

三轮氏杂著中有藤树先生全书序一篇,记阳明集之初入日本与中江氏之无力购书,可知得之难者,其求之也真。其得之易者,反视为不足珍重而遗弃之而曲解之矣。三轮氏记中江氏曰:

> 其学初尊信朱子潜心于《集注章句》,至合朱子大全而讲诵之。然犹忧无所得诸其心也。一日探书肆,遇阳明全书始入本邦,及一见,数年疑难涣然冰释,真如大寐得醒矣。乃欲获得此书,而家实贫困,无可以完书价,乃脱所带大刀而充之,手亲携笈归焉。详览熟读,殆忘寝食,于是从事致良知之训数年矣。超然默会,沛然融释,得接其心传于本邦百余年后也。然后以导后学,无不感发而兴起矣。

三轮氏所作汉文诗中,我爱其下列二首:

【题水仙】

夜寂蕊珠宫殿内,黄冠绿袖独萧然。

金盘高捧承朝露,自是地行花里仙。

【首尾吟】

休为他人论是非,是非向外我先非。

我非焉能使人是,休为他人论是非。

三轮氏治心之法在其《日用心法》一书之中,举其节目有十:
(一)立志为始;(二)知耻为助;(三)孝悌为本;(四)养气;
(五)广量;(六)考气象;(七)内省;(八)致良知;(九)言行念虑
一刻不忘;(十)执中。其第八项之致良知三字,即其皈依阳明
学之所在,然犹未若其《四言教讲义》之明显焉。"四言教"起
于王龙溪与钱德洪之天泉论辩,其在明末所生影响,在上卷中
既已述之。兹但录三轮氏所言之要点如下:

> 此四言教,阳明王文成公对于入门之始教人之定法,
> 人人可以受用之规矩。其本即为大学修身工夫,古圣继
> 天立极,引人入道之嫡嫡相承之要法,亦即人皆可以为尧
> 舜之大典也。舍此而外,即为异端,似而效之,即为霸术,
> 违而背之者为恶,不为之者为愚。故学圣人之道者,必斋
> 戒沐浴,谨敬奉行,起居动静之中,绝无间断而服膺之,斯
> 可矣。

其皈依王学之真诚,跃然纸上,岂龙溪泰州之自作聪明者所能
与之同日语乎。

三轮氏就四言教,每句加以解释如下:

无善无恶心之体：心为无声无臭，故无善恶之可名。此即
　　　　　　　心体而至善者也。人人可以用力而至
　　　　　　　之鹄的。

有善有恶意之动：心自本体发动者善，自形气发动者恶，
　　　　　　　唯动而后善恶分，此即人人用力之处。
　　　　　　　学问之要点所在。

知善知恶是良知：虽有恶念，而本体之良知未尝亡，故善
　　　　　　　恶不辨乃必无之事。所谓良，不出于人
　　　　　　　为，乃自然而然。其为物未易测度，唯
　　　　　　　其自然而然，故称为良知。是为人人用
　　　　　　　力之规矩。

为善去恶是格物：天下之事事物物，无不起于意。为其意
　　　　　　　中之善，去其意中之恶，是为格物。乃
　　　　　　　人人用力之实功。

读第一句三轮氏之解释，以心为无声无臭，与朱子解释太极图中之无极，正相类似，其与王龙溪之以无善无恶四字，贯彻于四言之终始者大异。日人之务实而不喜玄谈，即此可见。

三轮执斋之生也，细川侯尝有禁止阳明学传习之令，然志操坚贞之士，未尝因此而废阳明之学。日本王学之绪赖以不坠者，三轮氏之功也。其时日本儒学界，分圣堂派、堀河派、崎门派、萱园派，各立门户，互相辩难。三轮氏既修朱子之学，不

废圣经贤传之引证,同时注重内心分析,以发挥阳明特色。三轮氏所以有"信王固深,尊朱亦不浅"之自白也。

(乙)佐藤一斋:佐藤氏生于安永元年,年十九与林述斋相识,中井竹山赠以"仆而复兴"四字,且告以此为王文成语。自是转而研究王学。天保十二年(1839年)由林述斋氏举之为昌平黉之教官(日本幕府时代研究儒学之府,自林罗山后由林家子孙承袭其位),林家之声势赖以维持。佐藤氏避阳明学之名,在其答大盐中斋之书中,曾称:"姚江之书虽尝读之,然仅为自己针砭之用,以云此间(指昌平黉)所教授,乃宋学,乃林氏家学"云云。良以当时幕府尊崇朱学,佐藤言中似有不欲触犯忌讳之意。然其《言志老至录》中所言,竟有与阳明如出一辙者。

> 学,一也,而等有三。初学文,次学行,终学心。然初之学文,既在吾心,终之学心,乃学之熟也。有三而无三。
> 教有三等,心教,化也。躬教,迹也。言教则资于言矣。孔子曰:予欲无言,盖以心教为尚也。

佐藤氏释孔子予欲无言为心教,亦几类于无善无恶心体之形上学境界矣。佐藤氏之门下与再传弟子,其中阳明学者之多,有出人意料之外者。

```
              ┌佐久间象山──吉田松阴──高杉东行
              │池田草庵
              │吉邨秋阳──吉林斐山
              │奥宫慥斋
              │竹村梅斋
              │大桥讷庵（朱子学）
              │栗栖天山
              │              ┌河井秋继
  佐藤一斋　　┤山田方谷　　┤
              │              └川田瓮江
              │东泽潟
              │              ┌大久保甲东
              │伊东潜龙　　┤
              │              └西乡南洲
              │柳泽芝陵
              │泽村西坡
              │林樈宇（朱子学）
              └中村敬宇（朱子学）
```

上表中除大桥讷庵、林樈宇、中村敬宇三人外，无一而非阳明学者，则佐藤氏治学之精神所在，可以想见。唯以昌平黉标明朱子学之帜，不欲显然犯之而已。

佐藤氏《言志录》中颇多直截痛快之语，可见日人之治汉学者另有一种境界，为吾国人梦想所不及。

愤一字，是进学机关，舜何人也，予何人也，方是愤。

以三代以上意思，读三代以下文字。

修辞立其诚，立诚修其辞，其理一也。

有志之士如利刃，百邪辟易，无志之人如钝刀，童蒙侮玩。

方读经时，须把我所遭人情事变作注脚。临处事时，则须倒把圣贤言语作注脚。庶乎事理融会，见得学问不离日用意思。

人不可无明快洒落处，若徒尔畏缩趑趄，只是死敬，济得甚事。

见一物之是非，而不问大体之是非，拘一时之利害而不察久远之利害，为政如此，国危矣。

吾国人自甲午战役后，以为日人洞见吾国之虚实自此时始。其实日人早读汉文书籍，深知吾国治乱利弊之日久矣。佐藤氏评论唐代明代与历代政治之言，可以见之。

唐代三患，为外寇，为藩镇，为宦官。人主非不知，然终以此弊，以宰辅非其人也，可鉴之至。

余读明纪，至其季世，君相匪其人，宦官宫妾用事，赂遗公行，国帑空虚，政事只是料理货币耳。东林不得不党，闯贼不得不蠢，驯致胡满乘衅篡夏。嗟嗟！后世可不知所戒乎？

余读史，历代开国人主无非间气英杰，其贻孙谋亦多。至守成之君，有得于初政而失于晚节者尤可惜。盖其得于初政，固非庸器，但辅弼大臣不得其人，则往往为其所盅，投好中欲，以固一时之宠，于是人主亦不自知其过，意满志懈，以为无复可虞，终以误国是。是故虞夏商周，必置左辅右弼，前疑后丞，以全君德，其为虑也深矣。

（丙）大盐中斋：在日本近代阳明学者中，以实践二字行其内心信仰者以大盐中斋为屈指之一人。其遗风余韵，令后人追思仰慕。吉田松阴与西乡隆盛之殉国，皆以大盐氏为其遗范者也。

大盐氏生于宽政五年阿波国胁町，早丧母，育于大阪同姓之家为养子，幼年饱经忧患，知民间疾苦。尝游江户，为林述斋门下，继得吉本大学读之，乃依诚意致知之旨，私淑阳明。文政四年高井山城守，为大阪东町执事，举大盐氏为之助，锐意图治。其后高井山氏年老去职，迹部良弼代之，不慊于大盐氏之耿直，大盐氏辞官，专以研究阳明学为事。文政八年立洗心洞学堂。堂中有东西两揭。西揭曰入吾门学道，以忠信不欺为主。东揭曰尧舜事功，孔孟学术。其洗心洞中祭阳明之文曰："顾先生助予，不使此心朽，杀身成仁，固予所愿。"其诚心向往阳明之意，即此祭文可以见之。天保八年大阪饥馑，请迹部氏开仓库以救贫民，不许，集同志二十人，与大阪豪商谋救恤之法，鲜有应之者。中斋乃卖所藏书，得银六百五十两为赈恤之资。迹部氏责其所为侮蔑长官。大盐氏因此发布檄文。中有效法汤武、汉高祖、明太祖吊民除暴，执行天诛之语。日人有称其檄文无异于美国独立宣言者。其后官兵既至，众寡不敌，父子自焚其家，继之以自杀，享年四十又四。

　　大盐氏学说之总纲，曰太虚。初闻其说，觉与吾国士大夫所言者不类，继读其《儒门空虚聚语》，知其苦心思索，乃达此结论。大盐氏谓人之太虚，与天之太虚通，如其不通，则人无生存之理。彼举一例为证，以一手塞人之口，则人之方寸闭塞以死，此即人之太虚与天之太虚相通之证也。虚字在吾国哲学中为歧义名辞，或为物质之虚，或为价值概念之虚，唯其兼此两面言之，故虚字乃可用为哲学体系之基本范畴。周子曰："无欲则静虚动直。"明道曰："心本至虚。"朱子曰："虚灵不昧以具众理。"此皆大盐氏所引以成其立说之根据也。

　　《古本大学刮目》为大盐氏之精心结构，集汉、唐、宋、明、清各家有关于解释大学之文，而尤详于王门各派之释《大学》者，读此书而后阳明恢复古本《大学》之意，跃然如在纸上。此吾国学者所应为而未暇为之。大盐氏可谓为吾国儒者补过之人矣。

　　大盐氏学说纲领，除所谓太虚外，尚有四项，一曰致良知。其意谓心不归乎太虚，而谓良知者，皆情识之知，非真良知也。真良知者非他，太虚之灵而已。二曰变化气质。其意谓平日如声色货利之习气既除，而后良知乃宛然出焉。三曰一死生。好生恶死，人之常情，唯王氏出入于千军万马艰难困顿之中，而不以生死动其心，唯其达乎生寄死归之义，而后能无惑于生死祸福之际。四曰去虚伪。其意曰，虚伪自人欲来，人欲既去，虚伪自随之去。总之大盐氏虽死于饿馑之乱，然其无愧于杀身成仁之义，可以断言者矣。

自三轮氏迄于大盐氏，所历年代乃自十七世纪之下半，迄于十九世纪之下半，积其所蕴蓄，至明治维新前后而光辉万丈。此其所以使之然者，日本人性质纯厚、质朴、真挚，而多青年朝气。对于外来学说，一旦见以为是者，立即接受，不仅珍贵其言，而一一见诸行己立身，虽生死祸福在所不计。非吾国之视佳言善行，作为一场话说，或以一篇文章鼓吹者，所能与之同日而语也。如是，阳明学说之入于日本，所以发挥者，不在乎抽象理论之演绎，而在其真挚诚恳之接受，且见之于其私人生活与国事经纶之中是矣。

第二节

日本阳明学对于开国与明治维新之贡献，尤为卓越。此时期中无伟大之阳明学理论家，然佐久间象山与吉田松阴之于开国，西乡隆盛与伊藤博文等之于远略政策，皆有大功于日本，而其熏陶之效，阳明学有以致之。兹分述四人事迹，其先见之明，其见义之勇，求之东方历史中，可谓戛戛独造者矣。

欧亚两方实际接触，始于十九世纪之世，其初期之扞格不通，无异于彼此见解之各异，曰我为礼仪之邦，彼为外夷，曰我有我之文化，不必有求于外，彼之所长，坚甲利兵。因此观点之异，对于两方之往还，竟以拒人千里为事。其在我中国，明之徐光启，清之曾国藩，何尝不识西洋科学技术之长。然日本儒家明白认识东洋道德西洋艺术之各有所长，以一言解此纠纷，而绝未闻有彼此之争执。吾国自鸦片战争迄于第一次世界大战之末,为斯近六十年之久,乃犹有胡适高呼"打倒孔家店",是东西文化之彼此不两立,所以成为吾国之难题,而在日本赖佐久间象山之一言以解决之,其迟速利钝有不可以道里计者矣。

(甲)佐久间象山:佐久间氏文化八年(1811年)生于信州松代町,年十六师事藩老镰原铜山氏,治经义文章,年二十三,学于佐藤一斋,既毕业,佐藤氏任为助教。年三十以后,转而注意于洋学或曰兰学,自海防、医药、炮术,无不悉心研究,日人中以儒家而兼治科学之第一人也。时日本攘夷论大昌,而佐久间氏熟知外情,于文久二年(1862年)当美船雅罗在粤发生事件之际,上书政府,力言攘夷之不可。年五十有四,遭刺客暗杀而死。其所宣布之罪状,曰:此人唱西洋学,主交易开港之说,其误国之罪难舍,是为国贼,加以天诛云云。

佐久间氏自述其学问渊源之语曰:

> 余少时师事一斋先生,洒扫于其门墙者二年,颇承爱育,闻作文之法。自一斋先生得入道之门,无所滞碍,虽不能追踪古之作者,然述意记事,受用有余,皆先生之赐。唯先生主张王学,不好穷理。余守程朱之规,以穷天地万物之理为下手之始。汉人之所未知者以欧罗巴之说补之。此我之不能不异于先生者也。

自以上一段观之,佐久间氏为服膺朱子之人,不得以之列于王学,佐藤氏之为王学为朱学,日人之间,颇多争执,即在同一书中,于甲章称之为朱学,于其"治医学以施仁术"章中,又称为王学即知即行之态度。吾人对于佐久间氏之为王为朱可不深论,因吾人所注意者,在其能对于东西洋文化之短长,能作公平之判断,且经其片言折狱之后,使日本之汉学派洋学派不起争辩。此为佐久间氏之有功于日本思想界,非吾国所能梦想者也。

除前述者外,佐久间氏又有四段文字关于同一问题者,述之如下:

以汉土圣贤仁义之教为经,以西洋艺术诸科之学为纬,以图皇国之盛,此为我之志愿。

汉土之学,不免空疏之讥。西洋之学,不从事于道德义理之研究,虽有惊人之迹,究与圣贤悬隔。唯有合并二者,方为完全。

宇宙之间,实理无二。斯理所在,天地不能异,鬼神不能异。西洋人所发明之学术,要皆实理,可为圣学之资。大丈夫当集大地所有之学,以立大块所无之言。

四书五经,莫非圣人之模训,应依朱子大学格致之训,为圣学之正脉。朱子格致补传中即凡天下之物,莫不因其已知之理而益穷之云云。此凡天下三字,非南宋偏安之版图,此为陋说,和汉之所无。此三字,应作在当今五洲之上,穷究一切学艺物理,乃朱子之本意。处今世善读大学者,应兼治西洋之学。

佐久间氏更有西学与孔子之教,可以并行不悖与交相为用之言,尤为透彻。

> 人谓泰西学行,孔子之教必衰。余谓泰西之学盛,而孔子之教滋得其资。夫泰西之学,艺术也,孔子之教,道德也。道德譬则食也,艺术譬则菜肉也。菜肉可以助食气,孰谓以菜肉而损其味耶?

以上所言,与张之洞中学为体西学为用之言,岂不相类。然吾国当时之儒家,起而拥护孔教者鲜有所闻,且少有直截痛快如佐久间氏者。其号主兼收并蓄之人,亦未有如佐久间氏之明达者。以致第一次大战之后,犹有胡适之辈唱打倒孔家店之口号、陈独秀有废孔子教义之主张。何其东西文化之争,在中日两国解决之差异至于如是耶。

　　(乙)吉田松阴:吉田氏乃孔子所谓不幸短命死矣之人,而德富苏峰称之为日本精神之权化之第一人也。氏生于天保元年(1830 年),藩士杉百合之助之次子。年十五已能为藩主毛利敬亲讲孙子兵法虚实论。年二十一游九州并读新译珍书,从长崎译官郑干介学中国语,访各处知名之士,于海外情事有所得。年廿二从藩主游江户,始学于佐久间象山。佐久间氏于初见之日,因其衣冠不整,挥之使去,且告以尔之来此,果为学问乎抑为语言文字乎？诚为学问，须执弟子之礼。吉田氏后此入狱，作《幽囚录》，自述其与象山之关系云。

> 余师事象山，服其持论，每事取决于象山，象山亦善视之。常励之曰：士不贵无过，贵能改过。改过固可贵，能偿过尤为可贵。际此国家多事，能为难为之事，能立难立之功，乃偿过之大者也。

吉田松阴立志赴海外游学，拟乘俄舰行，及至长崎。则俄舰已离日。继又向美国海军提督彼利氏请求搭船去美，亦为所拒。然佐久间象山有送行之诗一首，其曰：

> 之子有灵骨，久厌蟄蟄群。
>
> 奋衣万里道，心事未语人。
>
> 虽则未语人，忖度或有因。
>
> 送行出郭门，孤鹤横秋旻。
>
> 环海何茫茫，五洲自为邻。
>
> 周流究形势，一见超百闻。
>
> 智者贵投机，归来须及辰。
>
> 不立非常功，身后谁能宾。

吉田氏知逃海为日政府所禁，乃自首投入狱中，佐久间氏之诗，为政府所搜得，因之一并入狱，翌年出狱，乃讲学家中，继设松下村塾,时年二十七耳。此塾初设之日,毛利藩主之明伦馆(政府学校)为之一空。而松下村塾之学子,如木户孝允、山县有朋、伊藤博文、山田显义、品川弥次郎,均为后来明治维新之中心人物在焉。此吉田松阴氏所以成为日本精神之权化也。松下村塾之设方三年,有血盟事件出现,吉氏入狱,受死刑宣告。其死因详见于其父母诀别之家书中之语:

> 神州正气,既已为邪气所消蚀欤。儿一念及此。食不下咽,寝不安蓐。惟悲死之不早而已。……是以儿私不自量,纠合同志,神速上京,获间部(间部诠胜)之首,贯诸竺头,上以表吾勤王之衷,且振江家之名声,下以发天下士民之公愤,而为举旗趋阙之首魁,如是而死,死犹生也。

此家书中可以窥见吉田氏之死,死于其为勤王倒幕之先锋也。吉田氏之学说,见之于其松下塾之士规七则:

> 一、凡生为人,宜知所以异于禽兽,盖人有五伦,而父子君臣为最大。故人之所以为人,忠孝为本。
>
> 二、凡生皇国,宜知吾所以尊于宇内。……君臣一体,忠孝一致,惟吾国为然。
>
> 三、士莫大于义,义因勇行,勇因义长。
>
> 四、士行以质实不欺为要,以巧诈文过为耻,光明正

大皆由是出。

五、士不通古今，不师圣贤，则鄙夫耳。读书尚友，君子之事也。

六、成德达材，师恩友益居多，故君子慎交游。

七、死而后已，言简而义广，坚忍果决，确乎不可拔者，舍是无术也。

吉田氏表示其一生人格之诗，尤以下一首为最著。

三分出庐兮，诸葛已矣夫。一身入洛兮，贾彪安在哉。
心师贯高兮，而无素立名。志仰鲁连兮，遂乏释难才。
读书无功兮，朴学三十年。灭贼失计兮，猛气廿一回。
人讥狂顽兮，自古未之有。古人难及兮，圣贤敢追陪。

吉田氏激进改革日本之决心，可于下文见之：

今之世界如老屋颓厦，是人之所见，大风一兴，令其颠覆，然后代朽楹弃败椽，杂新材而再造之，乃为美观。诸友欲就其老且颓者，以支数月之风雨。是所以视吾为异端怪物而疏外之也。

吉田氏死后之卅年，德富苏峰称之曰：先生实具日本男儿之真面目。第一，明大义名分。第二，以身殉其理想，即言而

必行,且行而不息。第三,一切动机,皆为君国,而不为自
己。先生之特色,多血多情,而富于人间意味。若大见识
家,或可求之他人,若大改革家,或可求之他人,大经纶家与
大手腕家,亦可求之他人。至若日本男儿之标本,我本我洁
白之良心独以一票为先生投之。德富氏之推崇,可谓至矣。
蔑以加矣。

上文叙佐久间氏与吉田氏与日本开国政策之关系,以见
日人视开国为历史上之大变,乃有锁国开国两派之对立。至
于明治维新大业之告成,仅以此为发端,其继此而起者,尚有
三步。第一曰倒幕勤王之争,吉田氏缘此杀身,其他奔走于皇
室,德川,与各藩间谋达此目的之志士仁人,不可数计。第二
曰安内远略之争,如西乡隆盛氏力主对外强硬,提倡征韩政
策,而木户孝允与伊藤博文则反对之。第三曰宪法制定与政
党政治,伊藤博文始终一贯以宪政为己任,而山县有朋则反对
政党政治,尤反对伊藤氏身为政党总裁。以前后四阶段中,政
见之歧出如是,而日人性情激烈,以行动随之,虽外国使节与
政府大员,有不满其所为者,则出之以暗杀。其政治家之渡过
此四大难关,而造成日本为近世强国之一者,其非徒手可以造
成之业显然矣。

此四阶段中之各事,本文不暇叙述,仅述西乡隆盛与伊藤
博文之生平,以见其大略。

(甲)西乡隆盛:西乡氏为日本勤王运动中之第一功臣。
其一生四十年之岁月,生于文政十年(1827 年),战死于明治

十年（1877年）。虽年寿不如伊藤、山县、大隈诸氏之长，然事功之卓著，至今日人倾倒不止。早年为萨藩藩主岛津斋彬氏奔走之日即参加于幕政改革与勤王运动。庆应三年（1867年）立萨长同盟，其条件之要点如下：

一、方今皇国之要务，纠正国体制度，君临万国，以不耻为第一义。国无二王，家无二主，政刑归于一君，是其大条理。

二、议定大政之全权，在于朝廷，制度法则，自京师之议事堂出。

三、议事分上下两院，上为公卿，下为陪臣庶民，应选举正议者为代表。

四、将军德川应辞职，为诸侯之一。

五、与各外国另立新约，实行商法。

六、关系于皇国兴复之议事之士大夫，应去私意，本公平，不讲术策，贵乎公平，不问既往之是非曲直，协和人心以定议论。

读此约定，而后知明治天皇誓文五条实以西乡隆盛之萨长盟约为基础。

庆应元年以降，日本舆论，一致以倒幕为中心。德川庆喜将军自知其地位之不保，乃有奉还政权之请。然明治天皇与萨长等讨幕之计已定，于是有王权复古，与征讨大号令之发布,炽仁亲王为东征总督,西乡氏任总督府参谋之职。及德川自行请罪,战事因之告终。此后有废封建改郡县之议,亦由西乡氏唱之。日本国内大局稍定,西乡提出征韩之议,木户氏与大久保氏以为应先图内政之安定,不勤远略。于是西乡氏退居乡里鹿儿岛,自设私校,自藏军火,且训练叛军,占领九州,政府发兵讨之,是名西南战役。西乡氏陷于重围之中,乃自刃以死。

吾读《西乡传》,知其早年曾读《近思录》与治阳明学。兹依德富苏峰所作《西乡传》,录其手抄之佐藤《言志录》以见其修身养心之功。

刀槊之技,怀怯心者蚍,赖勇气者败,必先泯勇怯于一静,忘胜负于一动,动之以天,廓然大公,静之以地,物来顺应,如是可胜矣。心学亦不外于此。

无我则不获其身,即是义,无物则不见其人,即是勇。

自反缩者无我也,虽千万人吾往矣,无物也。

心要现在,事未来不可邀,事既往不可追,才追才邀,便是放心。

人贵厚重,不贵迟重,尚真率,不尚轻率。

凡为学之初,必立欲为大人之志,然后书可读也,不然,徒贪闻见而已。恐长傲饰非,所谓假寇兵资盗粮也,可虞。

无一息间断,无一刻急忙,即是天地气象。

心静方能知白日，眼明始会识青天，此程伯氏句也。青天白日常在于我，宜揭之座右，以为警戒。

灵光充体时，细大事物，无遗落，无迟疑。

人心灵如太阳然，但克伐怨欲，云雾四塞，此灵安在？故诚意功夫，莫先于扫云雾，仰白日，凡为学之要，自此而起基，故曰诚者物之终始。

人心之灵至于气，气体之充也。凡为事以气为先导，则举措无失，技能巧艺，亦皆如是。

凡作事要有事天之心，不要有示人之念。

着眼高，则见理不歧。

士贵于独立自信，依热附炎之念不可起。

闲想客感，由于志之不立，一志既立，百邪退听，譬之清泉涌出，旁水不得混入。

取信于人难也，不信于口而信于躬，不信于躬而信于心，是以难。

不可诬者人情，不可欺者天理，人皆知之，盖知而未知。

学贵自得，徒以目读有字之书，局于字，不得通透，当以心读无字之书，乃有自得。

人皆知问身之安否，而不知问心之安否。宜自问能不欺暗室否，能不愧衾影否，能得安稳快乐否，时时如是，心便不放。

浊水亦水也，一澄则为清水，客气亦气也，一转则为正气,逐客功夫,只是克己,只是复礼。

独得之见似私,人惊其骤至,平凡之见似公,世安其狃闻,凡听人之言宜虚怀而邀之,勿苟安狃闻也。

读经宜以我之心读经之心,以经之心释我之心,不然,徒尔讲明训诂而已,便是终身不曾读。

勿认游惰以为宽裕,勿认严刻以为直谅,勿认私欲以为志愿。

西乡氏尚有《大学讲义》与《孟子讲义》,文繁,姑略之。吾人但读其以上手写之《言志录》,可以见其为非鲁莽灭裂之将才,而深于王学之不计成败生死之人也。

(乙)伊藤博文:伊藤博文之生平,可谓一部明治政治史,尽在其中矣。我人但见其功成名就之方面,鲜知其生平豪侠忠义之气。兹但述遗事一二,以见其为人。吉田松阴处死之日,伊藤氏与其同学,收吉田氏遗骸葬之。各脱其上衣下衣与身带,以衣于吉田之身,且书“廿一回猛士之墓”八字为墓标。嗣伊藤赴英伦留学,闻国内攘夷论大昌,将向英宣战,伊藤氏舍其学业,归国以谏阻当局攘夷之策。伊藤力主日本改革,然以为应逐步前进,对于西乡氏征韩论则反对之,良心所信,敢于公开言之,无所隐蔽。与吾国人之退有后言者相反矣。及乎宪法公布,伊藤氏自组织政友会为其总裁,以树政党政治规模,在尊王大义之下,扶植民权,与大隈氏板垣氏在野集合同志要求国会设立者有异曲同工之妙。其后中日开战,并吞韩国,伊藤氏皆参与其间,自各人自爱其国家言之,各为其所欲为,吾人自无非议之必要。其辞韩国统监而赴俄也,遭韩志士安重根氏暗刺而死。伊藤氏于去国之际,自赋一诗云:

> 秋晚辞家上远程,车窗谈尽听虫声,
>
> 明朝勃海波千尺,欲吊忠魂是此行。

噫!我卷下之文,意在叙述日本王学经过,孰料其自远古之薙道王郎迄于近代之伊藤博文,竟成为日本之儒学史矣。日本儒学虽不长于精微奥妙之议论,然其对于吾国哲学,在理论与实行方面自有其特长。举要言之,可得五点:第一,日本学者对于朱王两家,绝不偏袒,三轮氏尝言信王固深,尊朱亦不浅,佐藤氏阴王阳朱,亦即此兼容并包之态度。良以道为天下之公道,学为天下之公学,与其为甲乙之争,何如并行不悖之为得。第二,日本王学对于知行合一与即知即行八字,尤为着重。言而不行日人引为深耻,此吉田松阴西乡隆盛所以以身殉其所信也。第三,日本人对于道德观念如忠君爱国、如吊民伐罪,视之为一种理念或柏拉图之意典,尽量从真善美方面做去,绝不许加以污点,故知行合一云云,竟与置生死于度外,同一解释,尤为善之理念化之至者。第四,吾国宋明儒学非不知杀身成仁,如文文山消极的。而吉田氏之开国勤王,西乡氏之务勤远略,以自己之主动,造成一种局面,而身殉之,其死为积极的。第五,日人本其所信,各主张其政策,因而有彼此政见之争,然开港锁国之后继之以勤王,征韩反征韩之中,归宿于内固国本,乃至宪法既行,在朝之保守者与在野之激进党,终能协调于政党政治之中,简言之,虽争而不至动武,不至动摇国本,犹之朱王门户虽分,而不失其为"道为天下之公,学为天下之公"之根本道理。此五者我于比较中日王学之后,认为日本学者造诣,有过于吾国之处,为国人所应坦白承认,然后相观而善之为摩之作用,乃能由之以生也。

篇六　日本阳明学之特色与中日王学之合作

　　上文五点，已将日本王学所发生之特殊反应，指而出之，日本所以采取宋代儒学与现代西方文化而大收其效之处，犹未尽焉。兹再推广而言之，名吾人所欲提出之问题曰，何以日本采取中西文化，能自选择，弃短取长，不剿说，不雷同。举例以明之，其于吾国，儒学也，佛教也，忠君也，爱国也，一一采而行之。宦官也，宫戚也，科举取士也，妇女缠足也，绝不模仿。此非日本自知取舍之道，吾国人当自叹不如者乎。日本为青年民族，感觉敏锐，知何者为善何者为恶，传统之拘束少，故立言一无顾忌，一切名辞不至成为油腔滑调，而能保持其新鲜意义，同一开港贸易也，吾国迫于城下之盟，乃订约通商而已。日本则名之曰开国，认识其意义之重大。而兵器、科学与宪法之改革，随之而来。其识见之锐敏，岂吾国当日所梦见者乎！唯其为青年民族，语言文字之运用，较吾国为短浅，其于忠君爱国字样，视为一种理想而奉行之。与吾国之习闻有汤放桀武王伐纣之征诛，王莽曹操之篡弑，乃视尊王二字为一种空洞名字，照例文章而已。救灾恤民云云，出于民胞物与之大义，为吾人所习闻，然亦限于乐善好施，输财仗义，以云如大盐中斋氏之鬻书济民且以身殉之，则吾国所罕见所罕闻。良以日本人居于文字生活下之日浅，仁民爱物等名词尚可以发生极大刺激力，与吾国人之惯于呷唔，视文字为应酬敷衍之用者大相远矣。日本为海岛国，交通便利，壤地偏小，较吾之居于大陆闻见上已成麻木不仁者大异。少笺注虫鱼之习惯，无门户派别之成见，故于事理之是非，保有其童时之天真。日人所以有"道为天下公道，学为天下公学"之言，不至因师承派别而忘其有公是公非者在。凡此各端，所以使日本接受外来文化，有远胜吾国之处，吾人当平心静气以求之，不可因其昔日之攻城略地，乃并其长处而抹杀之。

宋代儒家之学传入日本，其受益之显然者，朱子学养成其学问力行并重之风气，学者谨严笃实之人格，有所谓水户学派，亦即朱学之一种。德川光圀氏受之朱舜水之教者，以编纂学者之矫正朱子而着重于政治制度文史。日本何尝有如吾国朱陆之争或但读朱子注解以为弋取科名之具，此非吾国人所当猛省者乎？

最后就王学言之，中日两国关于王学如何弃短取长通力合作，以图彼此之交受其益。

吾先举日本儒家一二人之言为发端。

井上哲次郎氏，井上氏为高濑武次郎所著《日本之阳明学》作序一篇，其首段之言曰：

阳明学为发达于东洋之一种哲学。其理论不得谓为

深远,然在实行方面之关系上,实为伟大。世之以教育家
自任者,诚一度研究阳明学,定能大有所得。今以德川时
代儒教哲学之分派言之,则有朱子学派、古学派、阳明学
派、折衷学派四种。其中属于阳明学派者,虽人数不多,
然均非腐儒,或以省察为事,或尽瘁于事功,其裨益于日
本名教,决非浅鲜。良以阳明学派在四种之中,最富于实
行性故也。阳明学说之渊源在于中国,即以中国论,阳明
学派较朱子学派更富于实行性,而日本之阳明学派较中
国之阳明学派,尤为富于活泼泼之精神,其在实际方面所
成就之事迹,更使中国阳明学派视之瞠乎后矣。

井上氏于其主持之《阳明学月刊》发刊辞有下列之语:

　　道为天地自然之道,人生至善之道。斯道也,自灵
妙,自圆满,自正大,自光明,又自活泼泼地。释迦牟尼之
所唱,耶稣之所唱,孔子之所唱,老子之所唱,乃于近世哲
人康德、黑格尔之所唱,其名虽不同,要皆以一世之苦心,
尽力于斯道。道无大小、精粗、厚薄可言,然教派千差万
别,难以合之于一。有数佛教珠而跪于释尊之下,有背十
字架而伏于天主之前,有枯坐默照于深山幽谷之中,有冥
想独坐而悟宇宙之妙理。彼等求道,各有所自信,又谁得
而咎之,且亦无有咎之者矣。

　　但统观东邦伦理之大道义,参照日本固有之风气士

道,质之宇宙以内,通有之大原理而无悖者,其唯发明儒家大道之阳明乎?阳明一生工夫,不外"致良知"三字。至精至神,至明至妙,尽心尽性尽道之极致,而无复余蕴。阳明尝言:"某尝说,知是行的主意,行是知的工夫,知是行之始,行是知之成。若会得时,只说一个知,已有行在。只说一个行,已有知在。"彼非以空言自高之人。知行合一,自有所得。故曰:"吾学得之九死一生之中。"其活眼活识,岂迂儒所能窥见哉。

高濑武次郎氏于其所著《日本之阳明学》一书,有一段概括之语曰:

大凡阳明学含有二元素,一曰事业的,一曰枯禅的。得枯禅的元素者,可以亡国,得事业元素者,可以兴国。中日两国各得其一,可以为实例之证明。

中日之王学者,均慕王文成之遗风,其所得各有不同,其所以异者,由于两国国民性质之不同。就日本言之,不独王学为然,一切自异域传来之教义,必以日本性质加味其中,而始奏其功效。此点于王学尤为显著。今为发见中日两国王学之差异,再对于中国王学加以考察。当湖陆侍御尝议王学曰:"王学败坏风俗,致明季之丧乱。"其言类于孟子之排杨墨。孟子尝骂杨墨为禽兽,诚目击其末流之弊而有此言也。陆侍御之痛击,决非偶然。

是乃王学末流之罪也。或谓陆氏为尊朱之故,乃有此酷评。然以吾人所见,自有不得不左袒陆氏者在矣。

明末之王学者流,纷纷扰扰,不为野狐禅,则为老氏之虚无,与晋代之竹林七贤无别,毁弃礼义,蔑视道德,献媚权门,公行贿赂。彼等视之,谓为末节,且谓无害于我之心学。

唯黄石斋刘念台二子,学问事业兼备,且全其忠节,不愧其为文成之徒。龙溪之精微,心斋之超脱与近溪之无我,虽于高尚方面,或过于文成,奈其为枯寂何?此三子犹可恕,三子之末流则不可恕矣。

如此,明末之阳明学者,令社稷灭亡,致后人评之为亡国学。故中国闻阳明学者云云,一直联想及于枯禅与老氏之虚无与放荡狂逸,故吾人断之曰:中国王学者,得枯禅元素,失其事业元素。

反之,我邦阳明学之特色,在其有活动的事业家,藤树之大孝,藩山之经纶,执斋之熏化,中斋之献身事业,乃至维新诸豪杰震天动地之伟业,殆无一不由于王学所赐与。日本之阳明学,反乎中国之堕落的阳明学派,而带有一种凛然之生气,能使懦夫立,顽夫廉,此由于国民性质之异有以致之也。日本国民之性质,比之中国,义烈而俊敏,倾于现实,富于实践性,偶闻有微妙幽玄之理论,虽亦研究之,但未窥门奥忽转而顾及实行如何,其不得实行者,则不取之。故玄妙精微之哲学,一度通过日本学者之头脑，直化而为浅近且便于实行，其抽象、纯正、高尚之部分，则怀疑之，除去之，而不见其发达。在日本高远幽妙之论，有真言天台二宗，其在平安朝，转而如何以加持祈祷为主，德川时代宋学理气之说，日本亦自有所取舍，现代西洋哲学，亦有所选择。以上各例，可以证吾人所云日本化之实例矣。

以上日本学者批评吾国之短，亦承认吾国之长，其所谓短者，吾人坦白承认，不必另有辩护之辞。其所谓吾国之长，即指日人不长于精微高远之理论言之，则今后理论上之发扬光大，吾国人应起而以为己任。唯吾国既有明末狂禅一段教训，应自高远之玄谈而返于切实之地。现时西方哲学既已输入思想上剖析分解之功，不能但以阳明所言者为已足，宜参以西洋学说足资发明者，使之更明朗更深刻，此则中日当代学者之所以应共同努力者也。

井上氏与高濑以活泼地事业等字为日本王学之特点，依我观之，所以振起王学之法，应以以下四点为基础。一曰质朴之心地，二曰明辨之知识，三曰诚实之意志，四曰贞固之行为。兹分别释之。

礼曰甘受和，白受采，忠信之人可以学礼。又曰先王之立礼也，有本有文。忠信，礼之本也；义理，礼之文也。无本不立，无文不行。此《礼记》中礼器篇之言，重言以申明忠信为本之意。吾人以今日之语言表白之，名之曰质朴之心地。一张白纸之上,方可施以绘图,一根新木之上,方可施以雕刻与丹腹,一块新砖瓦,方可砌之于墙柱中,而后加之以刻画。若纸若木等之本质上,本有刻画与色彩者,犹之人之心地本不纯洁,即令灌输以任何信仰,或教之以任何新理论,虽暂时接受,而原来真面目终必有暴露之一日。泰州派本信淮南格物论,继而涂以阳明致良知之说,而其本来面目,依然潜伏,此可以见一人心地上本有其他企图者,即令口中服膺他种学说犹且不可,况乎阳明之明德亲民之须一本于诚意者乎。与其有所知而虚伪,不若无所知而朴素之为得。质朴之中,光明自随之而生,巧言令色之中,无敦厚之气以立根基。此我所谓质朴之心地之意。

人之生也,自坠地之日,便与外界接触,乳也,食物也,或自辨别,或父母代为之辨别。人生一日在世,即一日不离乎感觉、思想与知识,此博学审问慎思明辨之功所以不可缺也。所谓知识之种类众矣,有属于感觉者,闻色闻香而后知为何物,有属于推理者,见云起而知天之雨,见叶落而知秋之至,更上焉者,数学逻辑与哲学中之推论尤为思辨工作之至高深者矣。阳明先生之言曰,良知之发,更无私意障碍,即所谓充其恻隐之心,而仁不可胜用矣。然在常人不能无私意障碍,所以须用致知格物之功,胜私复理。然吾人在今日科学世界言之,胜私复理,乃良心上之刮磨,自能由此以去其不正以归于正。以云物理之万象纷如,上自天象,下迄原子,岂胜私复理四字所能克尽其职,而有待于格物穷理之功者多矣。此我所谓明辨之知识之意。

阳明先生哲学中，有极重要之四语，曰身之主宰便是心，心之所发便是意，意之本体便是知，意之所在便是物。此四句吾人在今日非不可同意，然第二句既云心之所发便是意，第三句又云意之本体便是知。则其第二句心之所发之中，已不能无知含于其中。盖人心含有知情意三种元素，其既发之际为意，意中岂能无知，知中岂能无意存乎。譬之见孺子入井而知恻隐，知其为孺子也，井也，知也。恻隐，情也。此知情之互起并发也。又如吾决心作一个竟以知管情意乎，或以情意管知乎，此极难下一断案之问题也。然就吾人平日生活言之，曰立志，曰决心，曰动机，其涉及行动者必先以意为主，而此意之发动为正为邪，唯有一己知之。大学曰，所谓诚其意者，毋自欺也一段，可谓为千古不磨之真理，迄今未有能易之者矣。阳明见到此点，特着重诚意二字。其言曰，大学明明德之功，只是个诚意。又曰意念所在，即要去其不正以全其正。其注重于一念隐微之地，可以见矣。吾人今日口说爱国，而动机之出发，有为利者，有为名者，有为禄位以糊口者，有为衣锦以归故乡者，其结果则花言巧语鼓惑人民，而国事败坏不可收拾。大盐中斋氏因救贫而除暴，吉田松阴氏因除奸而杀身。其污浊纯洁之分，有不可以道里计者矣。此吾所谓诚实之意志之意。

人之生斯世也，不能一日离外物而独存。其有志于建功立业，更有赖于社会中之各分子。诚以小而乐业谋生，大而经国济民，自其立志之始，以至于事业成就，未有不经艰难辛苦者。孟子曰："天将降大任于是人也,必先苦其心志,劳其筋骨,饿其体肤,空乏其身,行拂乱其所为,所以动心忍性增益其所不能。"以阳明先生之经历言之,始而龙场之贬,继而宸濠之叛,又继则为武宗之南巡,天特置之于艰难险阻之中,唯以其志行之光明坚定,卒能出险滩而入坦途。易曰,贞固足以干事。此我之所谓贞固之行为之意。

呜呼! 以上所云,其足以为吾国起衰救弊之资乎? 我不敢知矣。人之所以为人,在有求知之心,在有辨别是非善恶之良心。此其隐微之地,诚有法以矫正之,则风气之改造,有何难事。我所以拳拳服膺阳明,而不能自已者在此。或者以为阳明之学说固善,然空谈心性,明代尝致亡国之祸。乃览日本历史,日本尝以王学而造成开国维新之大业。同一学说,而彼此结果大异,可以证明末之失败乃解释王学者之责而非王学自身本有之果效。吾更考之近代欧美哲学,以比较王学,因其可以相通,益以坚吾之信,因其不相通而认为应加修正或补充,以合于现世之需要,此非吾国人自身所当努力者乎?

我更有欲言者,日本王学者心地之纯朴,与力戒言而不行之弊,大足为国人师法。至于王学新理论,日人既自认为非其所长,吾国人应自起而负此责任,且与之合力图之。然则集合两国王学者与其他哲学家于一堂,以讨论两方之短,应以何道补救,两方之长,应以何道发扬之,非今日中日所应共同有事者乎?

1954 年 10 月 6 日

图书在版编目(CIP)数据

论王阳明/张君劢著;江日新译. —上海:上海
人民出版社,2021
书名原文:Wang Yang Ming: idealist philosopher
of sixteenth-century China
ISBN 978 - 7 - 208 - 16971 - 5

Ⅰ.①论… Ⅱ.①张…②江… Ⅲ.①王阳明
(1472—1529)-人物研究 Ⅳ.①B248.21

中国版本图书馆 CIP 数据核字(2021)第 038215 号

责任编辑 毛衍沁
封面设计 尚书堂

论王阳明

张君劢 著

江日新 译

出　　版　**上海人民出版社**
　　　　　（200001　上海福建中路193号）
发　　行　上海人民出版社发行中心
印　　刷　常熟市新骅印刷有限公司
开　　本　890×1240　1/32
印　　张　7
插　　页　2
字　　数　128,000
版　　次　2021年6月第1版
印　　次　2021年6月第1次印刷
ISBN 978 - 7 - 208 - 16971 - 5/B • 1542
定　　价　42.00 元